U0030720

明公啟示錄

解密禪宗心法
《六祖壇經》般若品之二

范明公——著

開卷語

一、此套心法，已於文字之中灌頂巨大加持之力量。

二、只須堅信不疑，恭敬讀誦即可獲無上力量之加持。

三、讀誦之時，身心有不同程度的感應實屬正常，乃感應
交道之現象。

四、信奉受持此書文字，即可獲得強大息災、轉運、祛病、
富貴、滿願之增上緣。

五、信奉受持此書，於現實中必有諸多神蹟示現。

第七章

迷人口說空心靜坐

此一輩人不可與語

第一節

智者心行修最高佛智
六祖融合佛法落人間

我們繼續解讀《六祖壇經》般若品第二。經過第一冊的講解，我們知道了何為真正的大智慧，修行的彼岸就是圓滿無漏的、世間與出世間融合的、中華祖先萬年流傳的般若大智慧，也帶大家再次認識了那顆摩訶廣大、真空妙有的心，認識了真正的佛、真正的諸佛剎土。本冊繼續深入講解迷人與智者的區別，何為修行正道，應該如何走上這條正道。

六祖惠能接著講道，【善知識！迷人口說，智者心行。又有迷人，空心靜坐，百無所思，自稱為大。此一輩人不可與語，為邪見故。】

這段話中，六祖惠能說了兩種迷人、一種智者。迷人有多種，智者只有一類。何為迷人？迷人即凡夫，就是迷惑的人，還在迷途之中找不到方向的人。在這裏六祖惠能著重點出了兩類迷人：一類迷人，只會口說，即是口上修佛、嘴上行道；還有一類迷人，口不言、嘴不語，但是「空心靜坐，百無所思」，即是所謂每天都在修行，每天都在

行道，天天都在持戒、靜默，心不動念不起，打坐如如不動、百無所思，這一類人比上一類只是口說的迷人，其實更加可悲。因為這一類人反而以為自己是真正在修行，往往都是以身體的不動，打坐的時間為修行的標準。能坐三個小時不動，還是能坐三天不動，甚至有的說能坐三年不動，以此為修行的標準。

所以，空心靜坐的這類人一般都有個共性，「自稱為大」。即是說這類人往往把這種所謂的苦行，所謂在身體上的修行，當成真正的修行，然後目空一切，總覺著自己比別人都強，別人都做不到這一點，這就是自稱為大，自己認為我是最厲害的。現實中，從古至今的修行領域中，有一大批這樣的人，以苦行為得道的方法，在身體上不斷的起修，在身體上不斷的做文章、下功夫，其實根本就是迷人。

我們說，智者只有一類，迷人有多種。要清楚，迷人不僅僅是這兩種，六祖惠能只是點出典型的兩種。而智者只有一類，不會有多種，那麼智者只有哪一類呢？即在心地上去修行，只有這一類修行人是智者。那麼《六祖壇經》中所說的，「智者心行」的智是指最高境界的智，能夠心行的智即是佛智慧。修行圓滿者、修行佛智慧的人，只有

一類，即是在心地上起修的人。

　　智慧是不是也只有一種呢？不是的。智慧也分為幾類，有凡夫智、聲聞智，還有緣覺智、菩薩智，最上是佛智。在此解讀《六祖壇經》所說的智慧，指的就是佛智慧，是最高最圓滿的智慧。要修行這種最高最圓滿的智慧，一定是從心地上起修，從心中去修。何為凡夫智？凡夫智是世間的思辨聰，指在世間很聰明，能言會道，邏輯思維很強大，看似推理能力、判斷力、決策力都非常強，這樣一類人具備的就是凡夫智。凡夫智也是一種智慧，但是屬於世間智，是最下乘的一種智。

　　我們常說的智慧就是這幾類：凡夫智、聲聞智、緣覺智、菩薩智、佛智。凡夫智是世間的思辨聰，凡夫智往上稱為聲聞智。聲聞智也叫做苦智，這種智慧是怎麼來的呢？這就是由於世間皆苦，觀察世間之苦，從中得出的智慧，亦即如何能夠離苦得樂，這是一種智慧。

　　在佛法中有四聖諦。佛祖釋迦牟尼，之所以能夠創立佛法，然後出世修行，就因為他身為太子，享盡人間榮華富貴，但是他看到了世間的疾苦、感受到了疾苦，心懷悲憫，說：「我已經榮華富貴了，已經幸福安樂了，如何能讓世間眾生離苦得樂呢？」由此，他根據世間的現狀，創

立佛法，開始出家修行，就是為了要找到離苦得樂的方法。

　　佛法四聖諦就是，苦、集、滅、道，苦諦是第一位。就是說，如果想要修行，首先要了悟世間一切皆是苦。之所以要修行，就是要離苦得樂，得大安樂，得永恆之樂，最後得常樂我淨，此即佛法之四得。一切的修行一定從苦中來，這就是人修行的動力、修習佛法的動力。如果沒有苦，我們為何修行？天天都在樂，那我們還修什麼？所以，天人的福報大，天天在天上享受著福報，他沒有苦也就沒有修行的動力。

　　我們人間處處是苦，身體髮膚不舒服是病痛之苦，生有生之苦，老有老之苦，病有病之苦，死有死之苦，生老病死是人間之苦。做事業往往十之八九不順心、不如意，掙了錢，當了官，卻危機四伏、害人害己，其實這都是苦。並不是有錢了就能得樂，也不是當官了就能得樂。沒錢的苦，沒錢則諸多不如意；有錢的苦，怕別人謀財害命；沒當上官的苦，受人欺壓；當了官的苦，被政敵算計，勾心鬥角，這些都是苦。世間哪有不苦的事，都是苦，所以當你認同了這一點，世間一切皆苦，才能有修行的動力。

　　有的人受苦了僅僅是受苦，從苦中得不到智慧、得不到昇華，不會去觀察苦是怎麼來的。所以，愚人和智者的

區別就在這裏，智者又稱為覺悟者，所謂覺者、悟者透過觀察，得到如何能夠擺脫的方法，亦即是解脫。

從觀察苦的過程中，觀察苦之因，即是觀察為什麼有這個苦，這叫做集，苦之因即集。智者就是從各類苦的觀察當中，把真相、本質、真諦一點一點觀察出來，形成智慧。如何能夠離苦得樂，從這裏得出來的智慧叫苦智，也叫做聲聞智。觀察聲聞就是在看現實世界，觀察現實世界從而得到的智慧，就是聲聞智。這種智慧不究竟，但也是一種智慧。這種智慧比世間的凡夫智高一層，學會了觀察苦，掌握了解脫的方法，智慧就要比凡夫智、世間的思辯聰高一級。這就已經涉及到哲學意義，而哲學領域要高過於世間。

緣覺智又是什麼智呢？緣覺智，也稱為滅智，又叫做無常智。世間除了苦之外，還有一種我們把握不了的，就是無常。無常即是意外，今天早上醒來我們活得好好的，下午會如何？明天還能好好的嗎？根本不知道。也許災難就在眼前，我們不知道、看不見，可能一小時之後的一瞬間，整個人類都沒有了，這就是所謂無常。無常智破的就是生死觀。

世間的苦是個常態，我們對世間苦的觀察，所呈現的

智慧即為聲聞智；我們對世間的無常，尋找它是由何而來？為什麼會有無常？我們為什麼把握不了它？無常是一種現象，透過對無常這種現象的觀察，我們知道了無常的真諦、真相、本質，我們就能掌握這種無常。掌握無常的意思就是，不會讓意外發生在我的身上，意外來之前我是能規避的。或者我不想活在這個世上了，我自己能夠說走就走，說離開這個世界就離開這個世界。把無常變成有常，這是一種智慧，這種智是解脫了生死的智慧，即稱為無常智，也叫做緣覺智，即根據因緣，覺即覺悟。緣覺智要比聲聞智、苦智更高一層，也就又更深一層。掌握了生死，掌握解脫生死的方法，這也是一種解脫。這種智也不是究竟的大智慧，也不是究竟智。

　　菩薩智又是什麼？菩薩智亦可以稱之為空智。萬法皆空，了無可得，一切相皆是虛妄，心量廣大，自性真空妙有。自性本身包括其呈現出來的宇宙萬有，其實本性是空，當我悟到了空的時候，就悟到了菩薩智。那麼還有苦嗎？還有生死嗎？還有無常嗎？苦也好、生死也好、無常也好，這些其實都是萬有中所謂的有，我認為有才會有苦、有樂，我認為有才有生、有死，我認為有才有無常和有常。到了菩薩的境地、境界，看萬物皆是虛無，但是還沒有悟到本心，只是看到萬物皆是虛無，這叫做菩薩智，要比緣覺智

更高一層，但也不是究竟智。

　　佛智即是究竟智，亦即是圓滿智。同時，佛智又叫做空而不空智，達到佛智的時候就知道空是怎麼來的，空源自於哪裏，空的根在哪兒？其實根都在於我們的第八識，都在於我們的阿賴耶識。其實，本心處即是我們的自性皈依處，所以佛智是最高的、最究竟的、最圓滿的智慧。到達這種智慧的時候，我們就能知道空而不空，看似空但絕不是真正的空，是由實體投射出來的，而實體是什麼我們也能夠了悟。到佛智之時我們才可以稱為大徹大悟。

　　「智者心行」中的智，指的是圓滿的佛智，也即究竟的大智慧，智者指的就是具備這種智慧的人。要想修行，我們不修聲聞智、不修緣覺智、不修菩薩智，我們要修的就是佛智。如何能修佛智呢？佛智起修只有從一處入，就是從心行，在心上修，在心地上起修，這就叫做智者心行。我們現在所有人追求的都是世間之智，而世間的凡夫智是智慧中最低的那一等級，修的是思維、是思辨、是聰明伶俐、是邏輯性，也就是修所謂的推理、判斷、決策能力。我們修行，要超越於凡夫智。

　　我們既然正在學習佛法，首先要知道佛法只有一個，即是那一大事因緣。釋迦牟尼佛祖只為一大事因緣來到世

間，為世人廣傳佛法。何為一大事因緣？何事才是大事？就是成佛之事，亦即是得到圓滿的大智慧，這才是最大的事。釋迦牟尼佛祖就是為這一件事來到世間的，佛法當中唯一的大事因緣就是這一大事。

釋迦牟尼佛祖是為了教大家成佛，得到圓滿大智慧的一大事因緣而來，他是成聖。那麼孔子呢？孔子傳授的和佛祖所傳的一樣嗎？不一樣。為何不一樣？因為孔子發的願不一樣，那孔子是為何事來到世間的呢？孔子是為了經邦濟世，為了讓人活得更好，讓國家能夠更加長治久安，讓家庭能夠更加幸福，讓我們每一個人能夠更加健康，因此孔子所傳的就是經邦濟世之道，他就把這件事當成大事，為了這一大事而來的。所以，儒家的一整套體系，都是圍繞著這一大事大願來展開的。儒家並不講心，但是當然也說到要正心，但是強調的不是佛法的心，強調心正是為修身，修身是為齊家，齊家是為治國，治國是為了平天下，所以這就是所謂經邦濟世。孔子講的是人倫之道，讓人過的更好、更圓滿。

所以，我們不能把佛法、儒學、道法，簡單的相提並論，不能去比較孰高孰低，誰短誰長，也不能去比較哪一家究竟、哪一家不究竟。因為各自的出發點不一樣，要達

到的目的也不一樣。

　　佛法講究的是我只要成佛，忽略世間的感受，反正都是苦，都是無常，我為什麼還要呢？我為什麼要在自己的身體上做文章呢？家庭幸不幸福無所謂，我連家都不要了，為了得到圓滿的智慧，為了得到永恆的常樂我淨，我連身體都可以不要。所以，修佛法有很多人苦行，虐待自己的身體，甚至不吃飯，這是釋迦牟尼佛祖親身經歷過的。還有的禁欲，男女之間那種樂我不要，那種樂是短暫之樂、瞬間之樂，樂只有幾分鐘，而苦是永恆的苦，這就是佛法。在佛祖眼中看的世界是以苦為諦，是離不了的。得財，得到巨大的財富，這是樂，但剛得到的時候是樂，得到了以後剩下的全是苦，所以也是短暫之樂、瞬間之樂，這不是佛法讓大家得到的樂。

　　角度不同，修行的方法不一樣，理論基礎也都不一樣。那麼從這個角度來講，佛法講究要想修行，就要脫離紅塵，就要守各種戒律。守哪些戒律？為什麼要守戒律？戒律又有什麼功用？其實就是要斷絕世間個人的五欲六塵，不讓自己那麼舒服。得到了五欲，得到了六塵，我就是舒服，我就是得樂，而佛告訴我們，這種樂是短暫的樂，我們不要短暫的樂，我要的是常樂我淨，是永恆的樂。佛法的出

發點其實在此。

　　儒學的出發點則不是讓人捨棄現在、捨棄身體、捨棄家庭、捨棄國家和民族。儒學講究的是，當下如何得到長治久安，怎麼更加和諧、更加圓融，讓我的身體更加健康，儒學教人得的是現實中的樂。我既得了財富，又能駕馭財富，得財富是樂，如何能把這種樂一生延續下去，又能讓我的子孫延續下去，這是儒學的出發點。我要當官走仕途，既要為國家、為民族的長治久安做貢獻，有經邦濟世之學；同時又要讓我的子孫，以及整個民族的子孫都能長治久安，都能夠過上好日子。儒學是儘量把這種短暫的樂變成長久的樂。

　　所以，各家的著力點是不同的。佛法講究勸人脫離紅塵、出家、捨棄身體、捨棄情愛、捨棄物質生活的享受，為了得到圓滿的大智慧、永恆的樂、常樂我淨，即所謂永恆的涅盤、無餘涅槃，這是佛的目標，就是佛智。

　　六祖惠能確立禪宗，其實是結合了由尼泊爾王子釋迦牟尼佛祖創立的古印度佛教，和中華文明也就是孔子創立的儒家思想。儒家講究經邦濟世之道，不離現實去修行；古印度的佛法、修佛智講究的是，脫離世間紅塵、沒有牽掛的去修行。如果釋迦牟尼佛祖創立的這一套佛法直接在

中土流傳，是跟我們中華的主流思想文化體系相矛盾、相衝突的。中華文明講究要修行，首先是為了現實世界的長治久安，現實世界的繁衍生息、更加圓滿。如果這種矛盾不斷加大，就會形成衝突、形成撕裂，那麼中土的眾生是不可能接受佛法的。

因此，唐朝時六祖惠能就達到了一個新高度，達到什麼樣的高度呢？他把印度原汁原味的佛法承繼過來以後，又結合了中華整個文化體系的主流，將兩者融合到一起，即是把佛法落到了人間。首先強調要想修佛法一定要在世間修，不能脫離世間修佛法，這就是把佛法和儒學結合到一起，才真正使佛法在中華大地上得以大興。

禪宗佛法符合了中華思想文化的主流，中土眾生就能夠接受，而且佛法的高度本身就在，相當於禪就是在中土的文化體系之上又拔高了一層。本身儒學也不離心，儒學稱為正心，但是把著力點用在了世間的經邦濟世之學上，用在修身、齊家、治國、平天下上。正心則是為了把現實生活過得更好。所以，禪就是中華的佛法，已經中土化了的佛法。

第二節
法與願合修心能落地
禪儒互補圓滿成太極

　　不能硬性的把佛法用於治國、安家或者修身，政府也不可能硬性的推行佛法。不能因為佛法是圓滿的智慧，所以為了更好的治理國家，而讓大家人人信佛，那也不可以。如果讓大家人人信佛，用佛法來治理國家，是非常愚蠢的。為什麼這麼說？佛法的出發點根本就不是為了治理國家，不是為了經邦濟世，也不是為了現實中讓人活得更好、更長久，讓社會的統治更加和諧，讓國家更加興盛發達。佛法本身就不是為了這些而來的，如果非得硬安在國家的治理上，就是在誹謗佛法。

　　中國歷史上有四個朝代大興佛法，帝王信佛，然後希望他的子民全都信佛，其中「南朝四百八十寺」的梁武帝是最信佛法的，讓他的子民、眾生全都信佛，甚至用佛法來治理國家，最後怎麼樣？天怒人怨，梁武帝死得很慘。他兒子和大臣一起把他餓死了，是他的兒子不孝嗎？大臣不忠嗎？其實也不是。就是因為他硬性的把佛法用在治理國家上，本身就是問題。那是佛法本身有問題嗎？不是佛

法有問題，而是用佛法的人沒有把佛法用在真正可用之處上。

因此，歷史上四個大興佛法的朝代，都沒有得到長治久安，國家分崩離析，最後都非常慘；而四個滅佛的朝代也非常慘，結果使得佛教、佛法背上了這個大黑鍋。其實，真正要治理國家，一定不能用佛法，包括治理企業也是一樣，不能用佛法來治理，得用儒學的體系來治理國家、治理企業，那才對路。儒學是經邦濟世之道，可以讓企業和國家更加長治久安、和諧發展，甚至對於如何延續傳承，儒學也有一整套的理論和方法。

「智者心行」，我們要知道心行用在何處。心行、修心要用在讓自我更加圓滿，獲得無漏的大智慧，能夠脫離世間，達到常樂我淨、永恆之樂，這是佛法要帶我們走的路。要想修行，首先要清楚我們要做什麼，是要在世間身體更加健康，更加富貴，家庭更加和諧幸福，子孫繁衍生息？還是要個人得大解脫、大圓滿？清楚了自己的願、自己的目標是什麼，然後再去選擇修學相應的法。

其實萬法歸一，世間沒有那麼多的法，都是因人而定。法是因人而來的，每個人有各自的願，人有八萬四千種願、八萬四千種目標，對應人的願和目標，就生成了八萬四千

種法。法是為了實現人各自的目標而來的，要把企業做得非常好，長治久安、興旺發達、延續百年，有這個目標就不要學佛法，而是得把儒學的體系學好。就好像要治這種病，首先得吃有針對性的、專門治這種病的藥才行。那種什麼病都一味藥全能解的大力丸，是不可能存在的。不能把佛法當成大力丸，認為世間一切的事物、一切的問題、一切的困惑，學了佛法全能解。不可能的，佛法也是有針對性的，佛法也是聖人傳下來的八萬四千種道，其中的一個道而已。

我們正在學《六祖壇經》、學佛法，要知道這裏講的智者之智，不是普遍的智，而是獲得大智慧、圓滿的智慧，解脫生死也是指大的生死，最終達到的是常樂我淨、永恆之樂的狀態。如果想按這種方法修行，一定要從心地上起修，這是我們所講的「智者心行」。並不是說，因為凡夫智是最弱的、最低等的智，我們就不去修凡夫智；聲聞智不是最高明的、最高境界的，我們也不修，不是那個道理。而是要根據願的不同，修不同的智。如果我的願就是在世間，那我就好好修凡夫的思辨聰，然後去找到與我這個願相結合的，八萬四千種法門中的那一個法門。

比如你就想建立霸業，就要成功，你只要這一世成功，

不想後世怎麼傳承，就想建立一世最高的豐功偉績，那你就去學法家的體系，就能建立你這一世的豐功偉績，就能讓你這一世獲得最大的成功，現實中你的富貴、你的控制力就能達到最高的境界，你的統治就能達到最廣的疆域。歷史上有沒有這種人呢？秦始皇、成吉思汗都是這一類人，他們是用法家的體系達成自己的霸業，在自己活著的時候就實現了最高的功業，而不管死後如何。

秦始皇大興法家思想，焚書坑儒，而儒學講究的是長治久安，使朝代長久延續，雖然秦始皇口中也說要千秋萬代傳承下去，但僅是在嘴上，他骨子裏施行的是法家。法家也是八萬四千種法門之一，法家講究的是創業，就是建立霸業，所以創立霸業的帝王領袖，很多都是法家的典型代表。但是，要建立長治久安、和諧發展、繁榮興旺，而且可以世代延續傳承的王朝帝業，就不能用法家體系。法家可以建國，但建國以後就得用儒家的體系來治理和延續國家王朝。

往往成就霸業的帝王，討厭儒家這套思想體系，覺得儒家有太多的妥協，太多所謂的道統、綱常，覺得自己會受束縛。然而，要想一個國家或者一個企業長治久安，就必須得按照道統、綱常、倫理、禮規、法治這套規律來。

遵守儒學體系，企業、國家就能夠做到長治久安，能夠繁衍生息，能夠代代相傳。但是對於要實現霸業的帝王來講，就會受束縛，跟他講道統、講綱常、講倫理、講禮規、講法制，他會不屑一顧。他會認為：「我就是天下之王，什麼道統、禮規、倫理……我都不認，我就是天下第一，我說什麼就是什麼，我建立這套王朝體制就能延續下去。」事實結果呢？秦始皇統一六國時很強大，可他的秦朝延續了多少年？他死之後僅僅幾年秦就被滅了。成吉思汗征服歐亞大陸更強大，然而元朝建立後，他的子孫才傳了幾代，一百年不到，蒙古黃金帝國就分崩離析。根源原因其實都是上面所說的道理。

　　要建立霸業就用法家智慧，這是八萬四千種法門之一。我們不評論一個法門對或不對，因為這是跟人的願相對應的。所以，我們學佛法也要知道，佛法講的是什麼？佛法會把我們帶向哪條道路？清楚這些以後，再往下學時就不會有衝突，不會有矛盾，也不會有撕裂。否則，現實中我想我的企業做大、做強，成為世界五百強，而且能繁衍生息，傳承百年千年，這是我的願，結果我在學習佛法，而佛法講的是脫離紅塵，戒除五欲六塵、世間享樂、身體生理上的享受、男女之間的情愛，要清茶淡飯，不被美味物欲牽走，要斷除貪、嗔、癡、慢、疑、邪見這六方面；

但是治理企業，得想著利益最大化，市場競爭得使用各種競爭手段，內部管理也得使用各種掌控人心、人性、人情的手段，各種現實技巧，而這些都不符合佛法，結果都是矛盾、衝突的。

想要當一個聖王，要治理好一個國家，就好好的學儒學體系，就不會矛盾，就是相吻合的。然而，既要把國家治理好，又要學佛法，這不就是矛盾嘛！佛法讓你放棄國家，老百姓都要粗茶淡飯，最好都別結婚，天天全身心的修行，都脫離紅塵；而你卻想治理好國家，讓民眾幸福、眾生安樂，讓國家強盛、軍力強大，文明文化都要達到巔峰，那你怎能學佛法呢？這不就是撕裂嗎？這不就會衝突嗎？你堅持用佛法來治理國家、治理企業、治理家庭，一定治理不好，不是這個法門不好，而是你用錯了地方。

有人說：「老師，不對呀！那佛法中既有六祖惠能講的在世間修，不離世間來修佛法，同時又有維摩詰行菩薩道，他也有金錢美女，也有富貴，不也是佛法嗎？」

這並不是釋迦牟尼佛祖傳的佛法，釋迦牟尼佛祖傳的是淨。那麼世間誰會修維摩詰那套佛法，又有誰在傳？現在如何修？怎麼能做到既有世間榮華富貴，同時佛法又很有修為，最後把世間榮華富貴和佛法求圓滿的智慧結合

起來？世上有人能做到嗎？歷史上有嗎？歷史上的高僧大德，哪一個不是拋家捨業，不是拋棄了紅塵，專修淨。為什麼？因為釋迦牟尼佛祖強調的是淨，他是透過淨達到的圓滿。何謂淨？天天五欲六塵，能淨嗎？天天放不下情愛，放不下身體的貪戀，放不下富貴，怎麼淨？淨不了，怎麼修佛法？

地球上的佛法是釋迦牟尼佛祖傳下來的，他是第一個老師，而不是維摩詰。維摩詰傳法不是在地球上，而是在他的世界裏，傳他的那套佛法，那只是諸多佛經中的一部經典而已。六祖惠能這部《六祖壇經》，也是繼承了維摩詰那部經典的精髓，但是具體怎麼用，怎麼跟世間結合，可沒有表述、沒有闡明，那你怎麼修？

其實佛法有很多的修行方法，有戒定慧，很多脫離紅塵的修行方法，很多出家僧制。但是對於在世間修佛法怎麼修，六祖惠能提出了一個概念、方向，但是具體怎麼修？智者心行，如何心行？怎麼能夠把世間的榮華富貴、幸福安樂、繁衍生息和佛法融合到一起，有具體的方法可行嗎？六祖惠能只是提出了概念，為什麼不把這套理法傳出來呢？為什麼只提概念呢？六祖應該更慈悲一點，既然告訴我們在世間修，那就應該把在世間如何修的方法、手段

都告訴我們啊？就講了一個智者心行，先修心，心量廣大，這些誰聽得懂呢？即使聽得懂也不知道怎麼用，留下千古的懸疑。後來修禪的人有幾個修成的，有幾個不修偏的？為什麼修禪的人最後都修成了空洞的、虛無的禪，有的修成了野狐禪？禪宗有五宗七脈，為什麼現在都失傳了？最後僅留下禪的名、禪的形式。只是能說一句禪理，繪畫有禪意，裝修有禪韻，禪修的道場也都是形式，而真正修禪的方法，現在為何沒了？

如何修禪？天天打坐，參話頭，問我是誰？問念佛的是誰？二十四小時不停的念，念著念著念睡了，再念著念著念瘋了，念到精神病院去了。天天參就能參出禪之理，就能參得究竟，就能得到大智慧？不可能的。現在真正的修禪的方法都已經沒了。為什麼六祖惠能不更加慈悲一點？為什麼只傳我們這些呢？為什麼不成體系的把具體方法傳出來呢？為什麼讓我們看不明白呢？

在此告訴大家，不是六祖惠能不慈悲，不是他不傳，而是因為他沒有必要傳。這是何意？因為，所有他要傳的那套成體系的方法，就是我們的儒學體系，儒學的一整套體系就是要把這套修心的、最高的、圓滿的大智慧，具體落地。既把心正了，又在現實中具體修才能落地，在現實

中能得到安樂，又能得到長治久安、繁榮富強、繁衍生息，儒學才真正把富貴、幸福、安康，完全結合到修身、修心之上了。六祖惠能根本沒有必要再創出一套體系，大家學習儒學這套體系就可以了。

「大學之道，在明明德，在親民，在止於至善。知止而後有定，定而後能靜，靜而後能安，安而後能慮，慮而後能得。物有本末，事有終始。知所先後，則近道矣。」請看，這是儒學入門的三綱領，說的是不是禪？

所以，六祖惠能在《六祖壇經》裏不斷強調，重點是要把佛法和中國的文明文化體系結合起來，這即是在世間修。真正修佛法、修最高的智慧，不能離開世間，這才真正是我們中土的佛法，他已經把從印度傳過來的佛法融入到了中土的文明文化、智慧體系之中，這才真正超越了宗教。禪是超越佛教的，但也還是佛法。而儒學體系更是超越了宗教。其實禪即儒，儒即禪，要想學好禪必須學好儒，要想學好儒、用好儒，也必須參透禪。禪和儒是相輔相成的，是相互彌補的。何以見得？儒也講正心之道，正心乃修身之本，修身乃齊家之根，齊家又是治國的前提，儒在修身、齊家、治國、平天下上闡述得非常多、非常落地，把道統、綱常、倫理、禮規、法治的規律體系闡述的特別

詳細，教給大家具體的方法與手段。但是，儒學在如何正心這方面，歷史上也沒有幾個儒學的大德能夠很好的發揮出來。

儒學本身有一整套正心之道，這套正心之道是有階梯的。就是先從格物開始，格物窮其理，再致良知，才誠其意，然後正其心，這是儒學的修心之道。但是在歷史上，對儒學的修心之道能夠有些感悟、有所成就的，也就是王陽明的心學。只有心學對儒學的正心之道有所感悟。但是，儒學之修身、齊家、治國、平天下，那是人才輩出，歷朝歷代都有大批的儒學志士治理國家，讓整個朝代安定繁衍幾百年，這都是儒學的功績。

正心是根本，如果要對儒學的正心之道更好的領悟、更好的研究，從而找到更好的方法，那就要從禪宗來找方法。所以，王陽明的心學基本上趨向於禪。有的人抨擊王陽明，覺得他傾向於虛無，去研究心，覺得虛，不現實，在現實中不知怎麼用，認為用不了。其實這就是佛和儒的結合處。

而佛法，尤其是禪，告訴我們修心之道，怎麼修這顆心，但是卻沒有講修心之後怎麼修身，如何應用在現實中，去齊家、治國、平天下。所以儒和禪結合到一起，那才是

真正的太極。但是結果，禪出現以後，即唐以後的宋元明清一直到現在，結合得非常差，都是相互矛盾，佛教就是佛教，治理國家就是治理國家，仕途就是仕途，學佛法與走仕途或者得富貴，就是矛盾的，一直沒有很好的結合起來，到現在也沒有。

現在很多在中土、在中國學佛的人，奇形怪狀，學成什麼樣子的都有。有的人認為吃素為學佛、成佛的根本，有的人禁欲、不要情愛，有的人捨家、甚至把孩子都捨掉，結果為了自己認為的、所謂的圓滿，搞得天怒人怨。更有甚者，佛法、佛教被一些團體利用，宗教被利用的結果就是民不聊生。

所以，我們在學法的時候，一定要清醒的學，一定要知道所學之法用在哪裏，怎麼用。我傳出來的這套體系，儒釋道都包含，儒有儒的長項，佛有佛的長項，道有道的長項，各有不同，儒釋道也是世間八萬四千種法門的其中三門，各有各的功用，不能論孰低孰高，誰圓滿誰有漏，不能這麼評論。其實，各家所傳的東西都是一樣的，只是側重點不同而已。

第三節
解行相應外道相輔修心
禪昇儒高度儒配禪不空

　　所謂「迷人口說、智者心行」中的智者，在此再給大家強調一遍，智者修心得來的大智慧是何智慧？心行，從心地上去修的智慧就是圓滿的智慧，而且是出世間的、圓滿的智慧。入世間的不能叫做圓滿的智慧。我們通常說，儒學是入世間的圓滿智慧，佛法是出世間的圓滿智慧，當然這麼說是有漏的，也是有局限性的。但是先儘量講明白，讓大家更好的理解，我們也只能用這種類似的語言來表達。其實話說回來，言語道斷，只要說出話來就不圓滿，話一說出口就有偏頗，就有漏。但是現在沒辦法，只能勉為其說。

　　「又有迷人空心靜坐，百無所思，自稱為大。」這樣的人就是既不通理，又不修心，只是在身體上修，空心靜坐，就自認為好像也在修行，認為我把心放空，這就是在修行，認為自己修的也是菩薩智，修的就是空，菩薩智不就是空智嗎？世間萬物都是從我心發出來的，我這顆心也是空的，心空了萬物皆空。

怎麼能讓心空了呢？止住念頭，什麼都不想，就叫空心嗎？那怎麼能做到什麼都不想呢？有人認為，首先使自己的身體靜下來，靜靜的一坐，強調的是身體的姿勢，從形上靜下來，然後心就不動了，心就定下來了，然後就修成了空智，也就是菩薩智。這樣透過四禪八定來達到智慧流露，如此認為則是只從身體上控制。這樣的人一打坐，開始可能坐三個小時不動，覺得沾沾自喜，後面坐一天二十四小時不動，好像是如如不動，念頭也沒有起來。然後認為念頭沒起來，心就空了，就是在空心靜坐，心空了就可以稱心量廣大、遍周法界，就能做到了了分明了。

這一類從身體上修，卻自認為也在修心，認為心空了就修成了，就是邪見！這種人還在妄自尊大，覺得自己很了不起，經常瞧不起別人打坐雙盤都不會，單盤也盤不好，打坐兩、三小時就坐不住了，而他自己端坐打坐，半天、一天都「如如不動」，四處炫耀自己這叫神通。

然而，六祖惠能告訴我們，不要從身體上修，身體從佛法上講就是一副臭皮囊，在身體上能修什麼？即使十年打坐不動又怎麼樣，能成佛嗎？一塊石頭、一張桌子，放在那裏二十年不動，能成佛嗎？不可能！

有人說：「老師，不對！我是有情，桌子是無情，有

情的物種，如果能保證不動，那他就能成佛，無情的就是應該不動，所以它不動也成不了佛。」

好的，那有情的物種有沒有不動的？有的烏龜壓在床下、壓在房子底下，幾十年、上百年都不動，而且還活著，但是成佛了嗎？烏龜也是有情，能成佛嗎？都不可能。

心真正達到如如不動，真正的心量廣大，遍周法界，了了分明，那種大神通不是指把你的心空了，把念頭止住了，這可不是空心。好多人都是用這種方式去修行，而六祖惠能告訴我們，這也是迷人當中的一類。這一類人六祖講得很嚴重，「此一輩人不可與語，為邪見故。」意思是這類人理都不要理。而不要理的意思就是，佛法正道，根本不要對這兩類人講，即「不可與語」，話都不要講，根本就無可造就，沒有任何講話的價值。

既然是兩類人，那還有哪一類呢？另一類就是，天天口說般若而心不去行，不知道如何從心上起修，不知道怎麼修心，天天都是嘴上說要大智慧，我要斷貪嗔癡慢疑，我要放下執著，這種人就是嘴上修佛，心裏不修。天天說要斷貪嗔癡慢疑，這本身是在修佛嗎？為什麼要斷貪嗔癡慢疑呢？是不是還認為貪嗔癡慢疑是錯的、不好的、不對的，所以才要斷？天天說要斷貪嗔癡慢疑，要得般若大智

慧，不就還是覺得般若大智慧是好，貪嗔癡慢疑是壞嗎？是不是就在偏執？你起的是妄想、妄念，貪嗔癡慢疑怎麼能斷得了呢？般若大智慧是你求來的嗎，是你得來的嗎？

這一類人天天口說般若，給人講智慧的時候講得頭頭是道，一看好像是高僧大德，講得滔滔不絕。其實，這一類人都是口說心不行，這是什麼意思呢？

心行的人，口是說不出來的。心在行，行什麼，怎麼行？心既然不是空，那心怎麼修？修的其實是放下你的分別。那在哪裏放下你的分別？不是在口上放下分別，而是在心中放下分別。心中放下分別的人，口中是說不出來的，說出來即是錯，說出來即是有分別。

有人認為，「那就什麼都不說了！」那更是有分別。是不是這個理，之所以不說了，是因為你覺得說了就不對，說了就有分別。

繼續認為，「那我不能有分別！」看這句話，這麼認為，就還是在分別。

這下迷茫了，問道：「老師，那怎麼辦？到底應該怎麼做？」

其實，當你一想怎麼做的時候，心中就有了對和錯，

「我怎麼做是對，怎麼做是不對呢？」

更迷茫了，「老師，這話纏著，繞來繞去，繞不明白了！」

確實繞也繞不明白，因為說也說不明白，但心裏知道。就是這樣一個道理，「如魚得水，冷暖自知」，就像魚在水中游，冷暖自知，要問這條魚水是涼的還是熱的，只有它自己知道。它告訴你水是涼的，可不代表你就會感覺涼，也不是你感覺的那種涼。所以有一種冷，被稱為是媽媽覺著冷，媽媽覺得外面降溫了，孩子並沒感覺到，而媽媽卻覺著孩子冷。而真正的冷與熱，只有自己知道，每個人的感受也不一樣。媽媽出去感覺凍得不行了，孩子出去還覺得熱，這都是有可能的。

所以，這種迷人，天天在嘴上給人講經說法、佈道，都是口上修行、口上佈道，心中基本都失了道。

這時就有人問了，「那老師，你為什麼還要在這兒講呢？」

那也得講啊！六祖惠能也是心行，也修成了大成就，但是他還是必須得講出來。是的，他講出來也已經離道甚遠了，但是總得有一個方向要去走，總得有一個著手處讓大家去把握。但是，不能以此為修行，天天只知道講，自

己心裏不修。心中不修，講出來的也肯定不圓滿。所有講出來的一定得是成對的，不能偏執，一味的講光明就是好，黑暗就是不好，講如何去除黑暗，如何得到光明，如何讓自己更加完美，這樣講的就是魔。

所有講出來的話，就像六祖惠能所講的，一定都是一對一對，成對的。為什麼要成對呢？就是把事物的兩面性講出來，只講一面就偏了，而是要講了這一面讓你理解這一層意思，馬上再講另一面，讓你從另一個角度再去理解，這就是禪，即是圓滿。我們的語言也只能做到這種程度，也就是兩面講，講不出第三面了，因為我們是二元的，人就是二元的動物，宇宙就是陰陽兩面。其實何止兩面，整個宇宙是個立體的整體，何止僅有兩個面。但是，人就是二元的動物，講不出來多元，只能是兩面，所謂正反、上下、高低、左右、前後、黑白、美醜，人就是這樣的。所以，只能透過兩面講，儘量讓大家看到整體。

沒有其他辦法，講經說法也只能如此。但是修行就不能這麼修了，真正的修行人主動的說不出什麼，但並不是說應該他講的時候，他什麼也講不出來。能講出來，但他講出來的只是打個比喻，或者說的話比較類似，但絕對是不究竟。然而明知如此，還是必須得講，但是也知道講和

修是兩回事。不能把講當成修，天天盯著經典，天天盯著佛法，天天背，天天念，終於把理通透了，然後就給別人講理去了，就覺得自己已經修成了，開始教別人怎麼修。要時刻記著，講和修是兩回事。

六祖惠能講的這種迷人，就是以講為修，以通理為修。通理只是解悟，修是行悟，如何能達到證悟呢？就是要解、行相應，既要通達理又要在心上行。解悟是在頭腦當中解悟，腦中解悟、心上行悟，這樣腦中解的理和心上修的行相應，這就是解行相應，如此才能達到證悟。證悟就是圓滿，就是一個整體，那時張口說出來的話就是經典。六祖惠能根本不認字，但張口都是經典，為什麼都是經典呢？因為他說出的話，都是成對的兩面說，都相對究竟、相對圓滿。就是從解和行上相應，腦和心合一。

心腦合一即是解行相應，也叫天人合一。這不就是儒學的境界嗎？包括王陽明所講的知行合一，也是一回事。所以還是這麼講，禪即儒、儒即禪，禪講修心之道，儒則告訴我們，在修心之道的基礎上，如何修身、如何齊家、如何治國、如何平天下。所以，學禪要有儒相配才不空，學儒要有禪配合才有高度。其實整體來講，我們中華大智慧、儒學當中已經包含了禪，但是沒有禪講得那麼深、那

麼透。在心的作用、功能和心對世界演變、宇宙演變的規律方面，禪、佛法講得更深、更透。

佛為一大事因緣而來，來教大家如何成佛，其根本是什麼？就是要認識第八識，所以才稱作「唯識」。第八識就是阿賴耶識，就是告訴大家最後怎麼回歸阿賴耶識，這才是佛。現實世界雖然是我的阿賴耶識的投射，是影子，是假的，但是能完全拋棄嗎？佛法講的就是完全拋棄，禪不講究拋棄，而是講究在現實中去修，那就跟儒學結合到一起了。所以，如果能把禪和儒結合在一起來修，既掌握佛法的精髓即如何修心，又掌握儒學的精髓，也就是既能夠在現實中保證榮華富貴、子孫繁衍生息，又能夠達到出世間修行的高度，這才是我們中華老祖宗的大智慧。

其實，作為炎黃子孫能夠傳到我們這一代，我們很幸福。幸福在哪兒？老祖宗已經把這些智慧都傳達出來了，我們只需將其融合在一起，然後在心中起修，在現實中起修，我們就能達到陰陽的雙修，心和現實都能夠昇華，都能夠圓滿。這就是我們這一代人的幸福所在。

那麼，「此一輩人不可與語」，這兩類人理都不要理，不要跟他們辯經，也辯不過迷人口說的那類人；要說到只從行上去修，你也比不過那些天天修身體的人，那類人天

天就是打坐，吃點白菜，喝點涼水。人家拋家捨業為修行，老婆孩子都不要了，而你還有老婆孩子，你跟人家怎麼比？人家一看你的樣子，就會說你是外道。然而，事實何謂外道？修心外之道即是外道。離開了修心，所有的都是外道。只要修的是心外之道，那就是修外道。

所以很多修佛的人看不起學儒的人，看不起學道的人，因為覺得他們都是外道。那儒學、道法是外道嗎？當然也是了。道法是外道，修道之人，大周天、小周天在身體上用功夫，那不是修心，所以是外道；學儒之人，學道統、學綱常、學禮規，當然也是外道。即使是格物、致知、誠意、正心，那麼格物是格什麼物？是格心之物嗎？不是的，是格萬事萬物。再來看《易經》，講的是至真的理，講的是宇宙自然的規律，那是內道還是外道呢？也是外道。陰陽的規律、五行八卦的定理定律，從佛法的角度來講都是典型的外道。

而那兩種人又是指什麼呢？天天打坐，天天講經說法，天天告訴別人放下外道，那都不究竟。然而，外道就不修了嗎？天天只修心，外面一切的呈現全都不管了，最後把心修空了，什麼都不管了，那叫做斷滅。那是修得大偏了，修成了斷滅空寂。斷，連生之本都斷了；滅，你要

的就是空亡。

口口聲聲說，絕不修外道，是否知道到底何謂外道？真正的修，我們知道那是外道，也是現實中我們應用的方法和手段，現實中我們還要富貴、平安、安樂。那些修的不都是外道嗎？並不是修心就不能修外道，兩者也是相輔相成、一陰一陽。

但是，佛法並不深究陰陽，只講一和二，二即有差有別，然後就讓你歸一。講從二如何回到一，那就是佛法。二生三，然後再往下延展，那根本不是佛法所研究的。佛法就是這樣，現在是二元、是二，我只研究如何回到一，回到天人合一、心腦合一，回到一個整體，一真一切真，我就是要知道阿賴耶識是怎麼回事，整個宇宙是怎麼化出去的，我知道是怎麼化出去的，然後講究回頭是岸，不要再講究怎麼繼續延展延伸，那不是佛研究的。佛法研究的就是不管再怎麼延展延伸，回過頭來就回到本體。所以，佛法研究本體。

而道法和儒學，研究的是怎麼延伸，而後按照規律不斷的延展，不斷的生滅，靜極生動，動極再生靜，然後再回到本體。佛是直接回到本體，所以只研究心，心一分裂，馬上收回，放下分別，合而為一，也就是回頭是岸。即是

講究我從哪兒來的，直接就回去了，這就是佛法。所以，佛法不管世間的一切規律等等，那都稱為外道。

而道法和儒學，是研究從心、阿賴耶識化出去之後，如何一生二，二生三，三又是如何生的萬物。三才即是天地人，延伸到後面四象、五行、六合、七星、八卦、九宮，不斷的延伸，一直到十方世界的時候世界就形成了，整個大千世界形成以後就在運轉，運轉到一定程度，即動到極處就開始靜，然後再回來，又回歸本體，亦即是動極再生靜，靜下來就又回到本體。儒和道研究的是這些，那麼從阿賴耶識發出去的這一套是有規律的，所以道法、儒學，都是以陰陽的定律，以《易經》揭示的宇宙發展規律為研究的重點。《易經》為萬經之首，其中體現的就是宇宙自然，從誕生、發生、發展，一直到終結，是一個整體的規律。儒學和道學是順應著這個規律往前發展，最後動極生靜，還會回到最原本的阿賴耶識那個狀態。

這就是佛法和儒學、道學的不同所在。但是對於佛法來講，儒學、道學都是小道，都是外道。都在心外做功夫，確實是外道。但是，有些人不知道何謂外道，只認為自己練的是對的。

這些人一打坐就說：「戒定慧！我是正道，因為我修

佛，我修行吃素，你都不吃素，你就是外道！我跟老婆離婚了，我已經出家，我把自己整個都獻給佛，我身披袈裟即是正道，你還是在家俗子，就是外道。」

其實這些人根本就不懂何謂外道，每個人都在說別人是外道。

比如另一些人會說：「我雖然是俗家弟子，也吃肉、有老婆、有孩子，我也沒打坐，但我修的是心，我就是正道；你們天天打坐，你們那是外道，我也可以這樣說你們！」

那麼，正道外道的標準在哪裏呢？其實標準就一個，不論打坐與否，不論吃素與否，不管有沒有家庭，就看你是不是心行，是不是修這顆心。

怎麼修這顆心，何謂修心？六祖惠能隨後就是在講，怎麼修這顆心，何為修心。前面我們已經講了很多，其實「不思善，不思惡」，就是在修心，但是我們能做到嗎？是嘴上說做到，還是心裏真正能做到呢？我們絕大多數，甚至所有的人，都是嘴上說「不思善不思惡，放下分別」，但是實際上心裏並不修。看見別人的行為，馬上開始恨，馬上開始怨，立刻分別就來了。

儒學也是一樣，儒學中庸之道也講究這個正道，我們讀儒學的《大學》、《中庸》中講的都是怎麼誠意，外面

的人是誰，我們看到外面有自己討厭的人、自己反感的人，以及有分別的人，那都是誰？其實，全都是自己。儒學所講的也都是這個理。至此，我再次強調的是，其實禪就是中華的儒。基本上來講，禪已經不是所謂的印度傳過來的佛法了。當我們真正開始講儒學的《大學》、《中庸》的時候，你再看看是否就是同樣這一套內容。禪講不思善不思惡，儒講中庸之道。何為中庸之道？中庸就是不偏不倚，不偏不倚就是不善不惡。但是，不善不惡就沒有善惡嗎？不是的。善歸善，惡歸惡，在我這兒是不以善惡分別，不是沒有善惡。

就如同「真空妙有」，那這是有還是沒有？說它有，錯了！那個妙有是影像、是虛幻，其實沒有，那是虛妄。說它沒有，還是錯！它有。所以，佛智就叫做空而不空智。我們一定要清楚這些，要理解透。

六祖惠能是開悟的大德，本來不應該生氣，但是對這一類人，他真的很氣憤，居然氣得說出「此一輩人不可與語」，理都不要理他們！而所謂「為邪見故」，邪見非正見，何謂正？不偏不倚謂之正。何謂邪？偏執者為邪。邪不是錯，也不是惡。我們說到邪，比如這個人很邪性，好像就是指特別壞。但《六祖壇經》裏所說邪見的邪，不是

壞，在此沒有好壞之分，只有正邪。正者是什麼？太極圖最中間的那個點，叫做正，即是不偏不倚、不偏執、不偏頗。邪就是不在中間、在邊上的點，或者趨向於黑，或者趨向於白，即使趨向於白的點也是邪，偏執者即為邪。

所以，這一類人就是不通理，不通就是邪，對有邪見的人為什麼不可與語？因為他們只認為這樣對，而且他下了大功夫，迷人口說，口說之人是對經典下功夫，覺得自己理通了；而那種空心靜坐、百無所思的人，他覺得自己在身體上、在心行上最厲害，他已經認同自己是最厲害的，你再講他是有問題的，他能聽進去嗎？不可能的。

人就是這樣，如果聽見後一下就悟了，馬上知道自己修得不對，那他就不會那樣去修了。一定是所知障極重的人，才會成為這兩類迷人。那針對這種人怎麼辦？諄諄教導，慢慢引導，去勸化？不要那樣做，別耽誤時間，而是不可與語。他有邪見是他的問題，我也不必著急。

作為老師看到大家都修錯了，著不著急？著急了心就動了，所謂的慈悲心、憐憫心、救度心就出來了。你修的不就是這顆心嗎？你認為人家走那條路，人家就有邪見。邪見就是錯嗎？你認為他走了彎路就是錯，但是彎路對他自己來講，難道不是必經之路嗎？為什麼一定要讓別人按

照你所謂的正路去走呢？這是控制。同時你認為別人不對，你才是對的，難道這是在心行，是在修心嗎？也不是吧！

可以點兩句，點化一下，一看對方沒有反應，馬上停住，這就是緣還沒建立起來。也許是人不對應，你點化的話對方不一定往心裏去；也許是時機不到，現在這個階段他正打坐打得興致勃勃，這時候你告訴他這是不對的，要修心，不是在行上去表現，人家不一定能聽得見。但是過三年、五年，當他越打越沒有消息，越打越沒有神通，他有困惑、迷惑的時候，甚至現實生活中已經一團糟，修佛法也不得門徑，不知怎麼辦的時候，再一點他，可能突然一下就通了。所以，或者時機沒到，或者人不對應，有何可急啊？不用著急。這樣的人不用理他，點化一下而已，然後該做什麼就做什麼，人家修人家的，你修你自己應該修的，別說自己是對的，也別說人家是不對的。就是這個理，我們在這方面要掌握好。

藉這一段話，把迷人、智者給大家又深入的講解。當然，並不究竟。我們是看到哪兒、想到哪兒，就講到哪兒，這也就是個緣。講經說法都是一個緣。比如之後某一本書裏也有智者心行，但再講智者心行就是講另一個角度。同樣的四個字，可能講的就不是這一番話，就不是這一番立意了。

第八章

一切即一　一即一切

去來自由　心體無滯

第一節

轉意識成觀察智
清淨不言心中練

　　六祖惠能接著講道，【善知識！心量廣大，遍周法界，用即了了分明，應用便知一切。一切即一，一即一切，去來自由，心體無滯，即是般若。】

　　這一段講的意思是，心量本來廣大無垠、遍周法界，用即了了分明，不在口說，而在心行。所謂「用即了了分明」，就是告訴我們心如何行，行即是用，不用而只在口上說智慧、說空，是沒有意義的。

　　「應用便知一切」是指，任何的人事物，宇宙的萬事萬物，宇宙中的萬有，都是整體的，都有成住敗空的時間、空間所在；當我們真正學會了心行，學會了怎樣應用，在空間上我們看任何人事物，看任何宇宙中的萬有都是整體性的；在時間上，我們一眼就能看到宇宙萬事萬物的成住敗空，從誕生、發生一直到終結、結果，甚至能看到事物發展的中間變化，這就叫做「便知一切」，即是大神通、五眼六通。

　　五眼六通指的就是最高的佛眼，包括宿命通、漏盡通。

宿命通，即是一眼就能看到事物從誕生到結果，以及中間發展的各種變化；漏盡通，即是指一眼看到的就是究竟，所謂的究竟就是整體，也就是一切。任何一個點、任何一個面、任何一個體，看到的都是一個整體，任何宇宙萬有其實都有其整體性，這就是智慧廣大的時候，呈現出來的狀態。

我的心本來就是心量廣大、遍周法界，心本來不受任何的束縛、沒有任何的局限，那為何變成現在這種狀態？現在的我，看任何問題，看人事物都沒有整體性，其實面也看不到，線也看不到，只能看到一個點。為什麼會這樣？這就是佛菩薩告訴我們的，由於我們的執著和妄想，使我們本來廣大無垠的心量一點一點慢慢縮小成了面，面又變成了線，線又變成了點。當我們執著於一個點的時候，我們心裡感覺是安全的、沒有恐懼的。我不看這個點之外的，為什麼不看？因為我害怕、我恐懼。

佛祖在《金剛經》裡說，如果世人讀《金剛經》，真的能夠信奉受持，即真的能看懂了，對《金剛經》不驚不畏，這樣的人是人中第一，非常厲害，人中的第一層是最有勇氣、最能面對一切的。所以，《金剛經》給我們帶來般若智慧，告訴我們如何能夠獲得般若智慧。其實般若智

慧一直都在，就在那裡，我們的心量從未縮小一點；心，不增不減、不垢不淨，同時又廣大無垠，沒有任何一點變化。是我們自己不敢讓我的心真正發出來，是我們不敢了了分明。

因此，《六祖壇經》這段話即是在告訴我們，「用即了了分明」，不要天天在口上說般若，在行動上、在心上我們真正要去行。行，並不需要具體去做什麼，做任何事情都是畫蛇添足，因為心量本來就在這裡，般若智慧本來就有，從沒有消失，也永遠都不會消失，不會有一時一刻消失不在。

那我們如何能夠把般若智慧發出來？是不是要透過學佛法、或者學其他方法把般若智慧發揮出來、啟動起來？其實不需要。我們只要面對、接受我們的般若智慧就可以了，只要我們不恐懼就好了。何謂心行？即不在口上說，要在心中行。如何能夠心行？怎麼才可以開始心行？其實，這就是禪一再告訴我們的，每時每刻都要放下分別，沒有分別就沒有了妄想；沒有分別的時候，心量廣大就呈現出來了；沒有分別的時候，就沒有恐懼了。

我們為什麼會恐懼？恐懼來自於哪兒？其實，我們都在比較，人性都是趨利避害、趨吉避凶。我們認為這樣做

是凶，是對我有害的，所以害怕，所以就有恐懼。因此，恐懼是比較來的！因為有了分別心才有比較，有了比較才有恐懼，才有嚮往。

心行，行的是什麼？是怎麼能夠把全體呈現出來？就是放下我們的分別、放下我們的比較。這是需要勇氣的，我們就是要在這上面起修。然而，放下分別後我們又如何能夠得到般若智慧呢？又如何知道我們到底放下恐懼沒？意識上我已經放下分別、放下比較，但是在我們的內心深處、心的層面，真的能放下嗎？不一定！所以，我們要修練的就是能夠在心這個層面，放下比較和分別。

怎麼練？還是得從第六識，即意識上來練。意識起的作用就是判斷、分別。第七識稱為我執，即末那識，是分別的根源，分別成為我及我之外，這是第七識。第六識是把透過五識從外界攝取的一切資訊，進行比較、分別，判斷要攝取什麼、接收什麼，要屏蔽什麼，這就是第六識起的作用。我們平時修的時候就要心行，怎麼能真正修到心裡，放下分別和比較呢？就要從第六識、意識之上，開始有意的去練。現實中就要練，當我們看人，覺得人有善惡、有好壞的時候，要不斷提醒自己放下，人是人，行為是行為，不要對人分類、下定義，沒有什麼好，沒有什麼壞。

但是沒有好壞，不代表不分是非，也不是沒有對錯。

　　要做到何種程度呢？即是「能善分別諸法相，於第一義而不動」，就是指所謂的是非、好壞都看在眼中，但在心裡不去做分別。是非也是有標準的，那是一種普世的價值、普世的標準。我們不能從一個極端走到另一個極端，不能說沒有分別，放下分別、比較，就什麼都不在乎，什麼都無所謂，覺得一切都是好一切也都是壞，這就落到了所謂「禪油子」的境界中，也就是口中說禪，偏向於空，偏於寂滅空了，認為既然沒有比較、沒有分別，既然是空，那就什麼都沒有了，這也是不可以的，這就又偏向了另一個極端。

　　偏，即不是行中道，佛法的最高境界就是中道。這也是道法的最高境界，稱為陰陽平衡，平衡陰陽即平衡好壞、善惡。所謂平衡又是什麼意思呢？意思是不要用好和壞來界定，不要用兩個極端來界定，好即是壞，壞即是好；但又不能趨向於虛無，即所謂什麼都是好，什麼都是壞。不能從一個極端走向另一個極端。

　　修禪要悟，而不是靠語言把理講通，不是靠辯。再怎麼辯，其方向、程度和角度，都不會趨向於平衡，都是偏執的。為什麼這麼說？正所謂「言語道斷，心行處滅」。

所以，我們要從心裡練，從心裡練就一定要用，用即了了分明，不要在嘴上天天滔滔不絕的說，在心裡卻不去用。用就是指我們在現實生活中，在平時的狀態下，儘量去觀察自己。如何觀察自己？看自己說話的時候是否有偏頗，對人、對事、對物是否能夠放下分別。放下分別不是沒有是非，心中了了分明，是非都了了分明，何為對、何為錯，何為善、何為惡，心中都了了分明，但是卻不起分別。

我們先從不起分別開始練，練的時間長了，一點一點逐漸從意識上開始轉變轉化，亦即是慢慢的意識逐漸就能把心影響了。當真正不起分別的時候，心發出來的就是般若智慧。這就是佛法所講的「轉識成智」。

如何轉識成智，怎麼轉識，轉什麼識，又成什麼智？我們要轉第六識，即是意識先轉變成觀察智，第六識是分別、判斷、取捨，要練就要先從意識這個角度，放下取捨、放下判斷，既不嚮往又不排斥，要守著中道以及平衡。平衡不代表陰陽都消失了，黑是黑、白是白，同時黑即白、白即黑，是平衡而不代表消失了。修行就是要從識上開始修，這即所謂用。隨時隨地處於一種狀態，即轉識成觀察智。這就是入門的方法，是修本體的方法，現實中我們就要這樣用。

意識的分別、判斷，以及執著、妄想，是我們生生世世以來已經形成的、固定的、流轉的習性，我們自己控制不了。不經意間，我們的思維就開始判斷，就開始取捨，要嘛執著，要嘛妄想。而我們粗淺的意識甚至根本意識不到，我們心裡這一整套自動思維的模式已經形成了，碰到任何外境的時候，在我們不知道的情況下，已經在判斷、分別、取捨，已經在執著或者妄想，而且就在這個圈子裡面出不來。然後，我們就有了嚮往的、恐懼的、排斥的，每天都在裡面打滾，這就是紅塵。越是分別，越是比較，越是執著，或者越是恐懼，我們墮落的就越深，就越衝突、越分裂、越撕裂，就越痛苦，無法清淨。

真正的清淨不是打坐的時候讓自己心安、沒有念頭，而是隨時隨地、一切時候，我們的心都處於一種不分別、不比較、不取捨、不判斷的狀態。越是能夠保持這種狀態，心就越能做到了了分明。這種了了分明是如何出現的？就是般若智慧流露出來的。真的能夠做到時時刻刻心不分別、不妄想、不取捨、不比較，智慧就流露出來了。而智慧出來的呈現就是一切都能看到，一切都能感知到，這即是「應用便知一切」。

這是練出來的，而且這種修練是有具體方法的。方法

就是，在隨時、下意識的狀態下，我們都要保持這一顆清淨的心，清淨的心就是放下分別之心、不去比較之心，不去取捨、不去判斷。這就是練，這就是修。打坐不打坐、用什麼姿勢打坐無所謂。這就是心行，心行者口上不言，在心中去練。這樣練就會達到「一切即一，一即一切，去來自由，心體無滯，即是般若」，大智慧由此而生，大智慧由此而來。

第二節

烏雲蓋頂不修自修用實修
經典權諦去過不留禪無形

《六祖壇經》的解讀，我們已經講了很多內容，其實反反覆覆都是一件事，即是從各個角度告訴我們如何去修般若智慧。其實，般若智慧不用修，本來就在，我們只是把其本來面目呈現出來就好。為什麼本來面目不呈現呢？是因為分別、取捨、判斷、嚮往，同時又有執著、又有偏執，所以般若智慧被遮蔽了。越來越執著的分別和取捨，就像在般若智慧的光明上形成厚厚的、所知障的雲，即所謂烏雲蓋頂。

般若智慧就在那裡，無限的光明我害怕，若隱若現我還能接受，一目了然、一覽無餘、一切立時整體現的狀態，我是恐懼的。所以，我就製造障礙，這些障礙就叫做業力，業力形成的所知障也被稱為業雲，業之雲把般若智慧的光明遮蓋住了。其實我不用去修般若智慧，只要去面對我在內心中製造的障礙，化解掉這些障礙。即所謂「解鈴還須繫鈴人」，我製造的障礙只有我能化解，這就是我們說的心行，修行本體就是這樣修，這是唯一的修行之道、修行之路，佛法告訴我們的即是如此。

釋迦牟尼佛祖大徹大悟的那一瞬間，知道原來人人皆有佛性，人人心中的智慧光明都在那裡，只是由於執著與妄想遮蔽了般若大智慧、大光明。修行只需破除執著與妄想，智慧的大光明自然現前。所以，人人皆是佛，皆有佛性。同樣，為什麼人人不是佛，而都是凡夫、迷人呢？就是被執著與妄想遮蔽了。只要把執著和妄想修得越來越淡化，越來越放下，消失的智慧大光明，自然就會顯現出來。這就是修佛，是不修自修，自然就在那兒，把我們後天的、生生世世加進去的執著和妄想化解掉、消散掉，智慧自然就會呈現。

　　「用即了了分明，應用便知一切」，須得實實在在的修，不是天天說，越是口說般若，越是得不到般若。這是為何？不斷口說放下分別，本身就是分別，還是認為分別不好，不要分別；天天說要般若智慧，說要放下執著與妄想，其實口中在說的時候，心中就在產生著分別，還是覺著般若智慧就是好，執著與妄想就是不好。

　　有的同學難以很快理解，「老師，這不就是您剛才所講的嗎？您不是讓我們放下執著與妄想，這樣才能得到般若智慧嗎？般若智慧不就是佛性現前，不就是好嗎？不就是對嗎？」

其實很容易就可以發現，這樣的同學還是有對錯之分。

這麼一說有人更糊塗了，「老師，您這麼說，那到底是放下還是不放下啊？」

其實這就是語言的局限性，語言再表達都僅是權諦。有真諦、有權諦，權是什麼意思？權即是不得已。不得已要說明，即是權諦。權不是真，真和權是相對應的。菩薩道是真，真理都有真諦，但是在傳菩薩道的時候，還需要用語言來比喻，來告訴大家怎麼做，但此時比喻的和告訴大家的，本身已經失去了真，就成了權，只是權宜之計。但也不能總是不說，不說大家怎麼能理解呢？但是的確說了離道就遠了。說得越多，離道越遠，但又不能不說，這就是菩薩道中的權諦。

其實包括六祖惠能講出《六祖壇經》，也已經偏了。告訴大家「不思善，不思惡」，向這個方向去做是對的；不向這個方向做，偏執、執著就是錯的，那其實就已經偏了，已經帶著分別了。有了對錯，就已經在分別。但是，這就是權諦，六祖也沒辦法，聖人還得說，不能只是坐在那裡一句話也不說，不說也是不對。為什麼？認為說話就是錯，說出了言語，道就斷了，因為是錯所以不說。這樣錯了，要去做對的，所以不能說話，要沉默，也就是認為

沉默才是對的，那又是在分別。

徹底懵昏了問：「老師，那到底怎麼辦？」

當問出「怎麼辦」的時候，就已經是凡夫，已經是迷人了。因為心中還有怎麼做是對的，怎麼做是錯的，也就是還有對錯的分別概念，總想要做對的事。

真正的得道之人所說的，放下對錯，不是沒有對錯。放下對錯、放下分別的時候，想說就說，不想說就不說，無所謂對錯；偏執就偏執了，不偏執就不偏執，我就是這個狀態；不想說就不說，想說直接就說。但是，如果你覺得這種狀態就是對，又容易流於任性妄為，成為一種願意怎麼做就怎麼做，沒有是非對錯，什麼都無所謂、都不在乎的狀態，這也不中正、也偏了。

所以，「禪」用語言是說不明白的，儒學中庸之道的中庸境界用語言是說不明白的，道法的陰陽平衡用語言是說不明白的，佛法的中道、中觀用語言是說不明白的，但這些又都是一回事，都是把我們導向最高境界。所有的經典都屬於權諦，即權宜之計，都盡量用語言表述清楚，至於後人怎麼理解，就在於眾生的悟性不同了。

在此，我們不能把《六祖壇經》一字一句的解讀講授，而《六祖壇經》中的任何一句話，無論從幾面講解，都不

是真諦。真諦只可意會不可言傳，只可能是感覺到，悟了就是悟了，悟出了什麼一定表述不清楚，如果能表述清楚就絕不是悟。就如同我現在正在講解《六祖壇經》，我講出來的一定是有問題的，如果單獨看我所講的任何一句話，一定能夠找出問題，因為任何一句語言本身就是不究竟的，究竟的語言是講不出來的。所以，如果不講，那就不究竟；天天不停的在講，更不究竟。那怎麼辦？其實沒有必要糾結怎麼辦，都是權宜之計而已，所以稱之為權諦。

權諦是小道，心行的應該是大事。為了引導眾生，為了傳播這套智慧，為了開啟眾生的智慧，就必須得用小道來接引，這也可稱作是方便之道、接引之道。因此，我們放下真諦，拿起權諦，亦即權宜之計，苦口婆心的點化、教導眾生。

釋迦牟尼佛祖在世的時候，不允許弟子們把他每一次講經說法變成經典，落於文字。為什麼？就是因為落在文字上即是偏。講經說法是根據當時在座弟子的根性，隨機應變、隨緣點化教導。當下在法會現場聽經聽法的弟子，能悟到什麼程度就到什麼程度，一悟即到一定的境界。那麼，法會以外的弟子，就是沒有機緣得到這些。然而，究竟悟到了什麼，其實在場的弟子也不清楚。但是釋迦牟尼

佛祖坐化涅槃以後，後世弟子為了紀念他，為了把佛菩薩的智慧傳播出去，才重新集結形成經典。

因此我們要知道，釋迦牟尼佛祖在世時，絕不允許弟子把他所講的理用筆紙記錄下來。當然，那時候的古印度也是沒有記錄的，根本沒有用筆紙記錄歷史的習慣。印度自古以來都是口耳相傳一代代傳下來，所以整個古印度都沒有歷史，全都是代代相傳、口耳相傳的記憶。如此傳下來誤差很大，所以我們不能深究。然而口耳相傳能不能傳下來一些真諦呢？我們也不能完全否定佛經。但是有一點很明確，印度的佛經，不是釋迦牟尼佛祖在世時，親自寫作校對的，也不是由他親口講授，弟子當場記錄以後，再經過他親自審閱校對而成的。其實，印度的歷史都是英國人編的，印度的歷史記錄都經不起推敲。既然歷史都經不起推敲，那傳下來的佛經怎能經得起推敲呢？

所以，我們真正要學佛經，學佛教的經典，最直接的還是要從六祖惠能的《六祖壇經》學起。因為六祖惠能可以稱為一位古今中外共同確認的，已經得道、開悟的活佛，是中國盛唐時期一位真正的活佛，至今他的真身還在廣東南華寺。而他為什麼留下自己的真身？留真身、現神跡本身不也是分別嗎？為什麼六祖惠能還要這樣做呢？這不是

違背了禪的真意嗎？禪的真意是無形、無相、無為，那留真身、留神跡，豈不與密宗一樣了嗎？

其實原因在於，六祖惠能講授的這套經典、這一套理，在當時大多數的修行人都不認同，甚至認為他是魔，所以特別多的高僧大德和世俗之人要追殺他，六祖一生都在逃難，都在避禍。到底誰要殺他？其實就是那些所謂得道的高僧大德，認為六祖惠能所傳不符合古印度傳下來的佛法。所以，六祖惠能講授之法當時只是在嶺南一帶傳承，稱為南宗。那北面所傳何法呢？唐朝以長安為中心，而整個中華文明、漢民族則是以黃河流域一帶為中心，這是當時發展最發達的地區，而嶺南一帶就相當於我們現在的青藏高原無人區，六祖為什麼躲到嶺南去傳法呢？因為他不能進入中國的腹地，當時中國的腹地所傳的那一套佛法即是北宗，北宗是以神秀所傳為基礎，而那時大家都認同北宗，認為修佛就應該要佈施、持戒、打坐、修戒定慧，從戒開始起修，從有形開始入，因此現在我們市面上流行的這套修佛的方法，跟唐朝時北宗神秀所傳的其實是一回事。

現在六祖惠能所傳的禪宗基本上已經沒有了，五宗七脈基本上都已經失傳。現在還留存一點臨濟宗、一點曹洞宗即洞雲宗，但基本上傳下來的也不是六祖惠能當時

的所傳。當時大家不認同禪宗，所以六祖惠能才要顯一個神跡告訴大家，他傳的這套禪宗智慧是正確的。所以，直至現在南華寺的六祖真身還在，一千三百多年了可不簡單，而且沒有經過任何的防腐處理，過往歷史上嶺南廣東一帶，尤其曹溪那一帶非常潮濕，多蚊蟲，而六祖的真身只是表面塗了一層漆，就是防止南方的蚊蟲把六祖的皮膚啃咬壞了，而體內包括內臟沒有經過任何處理，這樣經過一千三百多年肉身還在，這真的就是神跡，其實就是為了說明六祖所傳是真正的佛法。因此，時至現在大家都認為六祖惠能是活佛，他所傳的禪宗心法是至理。

六祖惠能的《六祖壇經》，是記錄釋迦牟尼佛祖講經說法的經典之外，唯一一部不是記錄佛祖講授佛法的經典。而這一部經，雖然古今中外大家都認同，但是並沒有真正修習這部經的學佛之人，或者有些人想修這部經也修不明白、不知如何修、不知從何起修。不像其他所謂佛法的法門，比如淨土宗，就會有個有形的把手，天天就是念佛，別的都不去想；密宗有各種修行的儀軌，就按照儀軌去修，還是有形。

唯識宗至今也失傳了，唯識宗都是從理上去修，對阿賴耶識的認識、整個世界的演化、宇宙的演化，從這裡起

修，但是已經失傳了，現在唯識宗已經沒有傳承。唐玄奘從西域將真正的佛法取回來之後，創建了唯識宗，那是真正的佛法，但是只傳了一代十二個弟子，後面就沒傳下去。這十二個弟子當中也沒有幾個真正學明白的，太高深了！其實，唯識宗這套佛法之理，就是現在量子物理學所研究的，比現代量子物理學要深透、微細的多。別以為現在量子力學研究的是微觀世界，唯識宗對宇宙的微觀瞭解得更深、更透、更直接，但是沒有傳下來，到現在已經沒有接續。唯識宗自從斷了傳承以後基本上就沒了，民國的時候有些佛法大家開始重新研究唯識宗，而解放以後基本上就更加沒有研究的了，所以到現在唯識宗基本上就是失傳的狀態。

因此，其他的法門、法脈都有一個著手處，只有六祖惠能傳下來的禪有所不同。雖然我們知道中土佛教鼎盛於禪，但是現如今真正的禪已經失傳了，大家不知道應該怎麼修，因為禪無形、無相、無為，大家不知如何抓，也就不知如何修了。所以，我在此講解《六祖壇經》，一再的講、一再的解讀，就是要告訴大家到底如何才是修本體，而禪也要有一個起修處。現在提到修禪，大家首先想到的是禪師打坐，不言不語，即所謂禪的境界靠悟。那麼打坐本身是不是形？一旦有形了那還是禪嗎？禪究竟是從形上修還

是從心上修？從心上修就是無形，那又強調諸如打坐的有形，到底是否還是修禪？所謂修禪的禪師在打坐的時候，都在參話頭，「念佛是誰，誰在念佛？生我之前我是誰，我死之後誰是我？」如此能修出什麼來？天天如此修參話頭，就能找出本來面目嗎？不修這種參法，就找不出本來面目嗎？這等於把禪當成一種有形之法來修，和修淨土宗、修密宗、修唯識宗、修天臺宗等又有什麼區別呢？那就沒有區別了，一旦落入形，即是錯。

有人解釋說：「老師，修學了不是得應用嗎？那如何應用啊？我這不就是在應用嗎？應用於打坐，坐著坐著我不就能開悟了嘛！」

這就是一個錯解。你是怎麼打坐的？是起心動念的打坐，還是聽呼吸、止念著打坐呢？

回答說：「當然是聽呼吸、止念了！」

你所修的四禪八定本身就有形，不就是已經完全脫離禪的境界了嗎？

繼續說：「老師，我在修如如不動！」

事實上，你所說的如如不動，是上坐的時候如如不動，好像是如如不動，但只是你的身不動。你的心動了沒有？

其實你的心還是在大動。

動與不動，動和清淨，區別在哪裡呢？怎樣才是動？動的根源是什麼呢？動的根源就是我的心在分別。

清淨又是什麼呢？清淨並不是我的心不動，而是我的心不去分別。

不去分別就是沒有嗎？不是沒有，而是有。

正如大雁正常在飛，飛的時候一直有影子，而大雁飛著的時候你能看見大雁，飛過去以後連影子也沒有了，那到底有沒有大雁呢？這是修禪的一個境界。說有也不對，說沒有也不對。有，那在哪兒呢？已經飛過去了。但要說沒有，曾經飛過呀？所謂雁過留影，人過留名。那到底是有還是沒有？其實有或者沒有都不對。對於修行來說，有或沒有不重要，來了就來了，去過就不留。我們要的是這樣的一種狀態，這就是禪。

真正的禪，無形、無相、無聲、無色、無味、無為。修禪的這種究竟，修禪的這種清淨，是究竟的清淨。而這種究竟的清淨是從放下分別來修的。放下了分別，才能沒有取捨，取即執著，捨即排斥。我放下了執著，才沒有妄想。這就是釋迦牟尼佛祖真正成佛時候的那一悟所悟到的理。怎麼能夠放得下執著與妄想，就是放下分別，又回到

了這裡。

　　所以，六祖惠能留真身於世，就是要用他的形、用他的相、用其有為的神通，現其有為的神跡，告訴我們禪的真諦；用這些語言、用他留下來的經典，這些權諦，即權宜之計，亦即不究竟的經典、不究竟的語言，告訴我們究竟的真諦應該如何做。因此，修禪本身還要放下對經典的執著，放下對經典中每一句話的分析、判斷、取捨，如果執著於這些之上，就又落入了分別的境界，又落入了比較、分裂，反而得不到。怎麼修我們才能清楚？絕不是所謂在世間放下分別，就什麼都不分別、什麼都不在乎、什麼都無所謂，這樣絕對不可以；而是應該了了分明，即一切都知道，但又不去取捨、不去判斷。這一點要做到，真的是千難萬難，太不容易了。

第三節

真修行勇於逆著意識用
破執著真諦是逆流而為

　　我們生生世世以來，做人、做事都要做最對的，都在向對的方向去做，都在取捨，就是不做錯的事。但是，真正的修行反而要勇於去做那些所謂不對的事。這是什麼道理呢？首先這就是要修練的。

　　總是做對的事，總認為所做的事是對的、善的、符合規律的，才會有今天所謂的不究竟，才有了今天的命運、人生的軌跡。每一個人都在做自己認為對的事，但是自己覺得對的事就是真對嗎？其實不見得。

　　痛苦是從哪裡來的？所做的都是自己認為對的事，如果真的都是對的，每一個人都能隨心所欲，都能實現自己的理想，哪還有痛苦？實際上，就是因為自己認為對的其實不見得是對的，但卻一味的執著於那個對，才把人生帶向特別煩惱、特別痛苦的境地。

　　所以，應該如何修禪？現實中我們要反其道而行之，逆著修。

　　有人不理解，「老師，逆著修是什麼意思呢？」

意思就是，別天天修自己認為對的，不要天天做自己認為對的；而是要修習，我覺得這樣不對而我就去做。但是，在此所說的「不對」，可不是作奸犯科、犯法違法。真正的意思是講，我們在做選擇的時候，覺得應該這麼選擇，那就反著來，就不這麼選擇，這也是一種修禪的方式，時間長了以後就放下對錯了。

　　有的時候就要堅持反著來，一個計畫經過判斷以後，覺得計畫絕對應該做，做就是對的，那麼修禪之用是怎麼應用呢？此時反而不做，而是再觀察後面這個計畫怎麼發展。也許不做是錯了，別人去做這個計畫可能就贏了，賺錢了；也許就對了，多虧沒做，當時判斷計畫應該做，後來發展過程中，出現了不可抗力，疫情來了，當時覺得對的做法，比如開十家連鎖店一定能賺大錢，這個模式肯定好，兩三年後就能上市，當時怎麼看都是對的，但是我就是堅持不做，後來不到半年時間，疫情來了，一切看似很好的計畫現在全都擱置，此時發現不做是對的。

　　為什麼要如此修呢？就是在破我們的執著心、破我們的對錯心，這也是修禪的一種模式、一種用。用即了了分明，越用就越清楚，原來其實無所謂對錯。但並不是說沒有對錯，對錯還是有，而是我認為對的不一定是對的，要

破的是那一套我們內心當中頑固的東西，破掉的是我們自認為對的。

比方說，我們在談戀愛處對象的時候，在做選擇的時候，基本上都覺得一見鍾情，覺得我喜歡，我自己決定嫁給這個人，一輩子託付給這個人，就是對的。無論父母怎麼反對，家人朋友怎麼反對都沒用，就認為他們都是錯的，都看不到這個人的本質，都不瞭解這個人，我才是對的，我一定要嫁給這個人。嫁了以後，結果後悔了，十年以後覺得當時自己真是眼睛瞎了。而當時還有人那麼追求自己，自己就是不同意，認為嫁給他肯定要遭罪，那個窮小子以後肯定沒出息，結果十年以後窮小子飛黃騰達了，而且對老婆特別專一、特別好。這時後不後悔？為什麼當時要那樣抉擇？自己的眼睛是怎麼瞎的？為什麼選擇錯了呢？其實就是這樣，自己認為對的不見得是對。現在中國離婚率超過百分之五十，一大半的人當初選擇都是錯的，所以後面各種的糾結，痛苦的離婚。

我們做計畫更是這樣，成功的少，失敗的多。這是什麼道理呢？真正的聖人、成功者做事，都有成功者的模式，一定不會順流而為，不會從眾。順流而為是什麼意思？絕大多數人都覺得這是對的時候，其實事物已經開始向相反

的方向發展。古今中外都是如此，只有極少數人會成功，而成功的這批人都有個共性，都是逆流而上，都是逆著眾生、逆著人流走，因此才成為成功者。而大多數人都是失敗者。

這是為什麼呢？你能否從現在開始就轉變自己的思維呢？你認為是對的，眾生都覺得對，那你就不能轉變一下自己的思維模式嗎？這就是修禪的一種方法，就叫做用即了了分明。禪的用法是無形、無色、無香、無味、無觸、無法，無形可循，沒有行跡可尋，都是在心行處，可以躺著修禪，可以坐著修禪，可以站著修禪，無時無刻不修禪。但是，要真正知道如何修禪。那到底怎麼修呢？

有人接著回答：「老師，您已經講了那麼多了，就是放下分別囉！」

關鍵是如何放下分別？放下分別是有方法的，這個方法又是什麼？

我們在此就揭示了一套簡單可行的修行方法，也就是在告訴大家怎麼用，何謂「用即了了分明，應用便知一切」。逆著自己所認為的去修，就是在用，就是放下分別的一種方法。比如，現在修禪，有打坐、有止語、有禁欲、有吃齋、有參話頭，總得有個修法。而在此我給大家揭示

的修禪方法，是從人的思維中修，從人的意識狀態上修，不要從形上修，不從身體上修，轉識成智，是從這兒去修。

轉的是什麼識，成的又是何智？識即判斷，有判斷就有取捨，就是從這裡開始起修。不是總在判斷嗎？判斷出是對的就取，判斷出是錯的就捨。就從這兒開始修，不管判斷的是對還是錯，從取捨上開始修，這是我能掌握的。我認為對的，我就不去做；我認為錯的，我反而放開去做，這是一種修行的方式，就是用即了了分明。這樣努力從自身的識上逆著修，一點一點就會逐漸感受到智慧的流露，也即是般若。看待問題的時候，就會看到兩面性及整體性。

一即一切，一切即一。何謂一？是否是在修一？如何修一呢？如果判斷出這是對的，然後按照對的去做，這樣修的是二。我信我的判斷，就是信我的分別，由分別而執著，即執著於對。而修一就是，我認為何為對，我反而不去執著那個對的，就去做那個錯的，這就破了自己對於對的執著。先從執著上破，我們生生世世以來都在做所謂對的事，都執著於一定要做對，一定得破了這種對於對的執著。由此破起，分別就開始瓦解。

之所以分別，就是因為選出對的便於我去做對的事，即為了做對的事才去分別。如果選出對錯以後，在意識上

有意不去做對的事，那分別還有意義嗎？就沒有意義了，這就是逆著思維而來，也就稱為轉識成智。分別就是為了做對的事，如果不做對的事，那分別就沒有了意義，就不需要分別了。當不需要分別的時候，自然而然就放下了分別，那時智慧就流露出來了。

這就是所謂「去來自由，心體無滯，即是般若」，般若就是這樣修。方法很簡單，但做起來可並不容易。為什麼不容易？你真的敢這樣做嗎？有那種勇氣嗎？經過判斷後，這是對的，然後非得讓自己往錯的那方面去做，敢做嗎？談戀愛找對象的時候，有兩個人可以選擇，我喜歡的是這個，長相學識、家庭背景、溫柔度等各個方面都覺得這個人是對的，我應該娶她，然後我一定得堅持娶我認為錯的那個？那個人脾氣也不好，家庭背景也不好，學歷文憑也不好，長相也不好，真敢堅持娶那個嗎？敢於去嘗試嗎？

一個投資幾千萬的計畫，經過大家不斷的調研、不斷的分析，認為應該做這個，而且應該捨棄另一個計畫，那個一看就肯定不能做。這時你是否敢於堅持放下大家都認為對的，去做那個都認為錯的，敢嗎？這不就像瘋子一樣嗎？

但其實理就在這裡。關於婚姻伴侶的選擇，現在基本上一大半中國人都選錯了，因而造成離婚率那麼高。即使

還有百分之五十沒有離婚，其中又有多少後悔的，有多少只是為了孩子在堅持著的？如此算下來，婚姻失誤率可以達到百分之七八十，共同生活七年以上而且真正的幸福的夫妻，還能有幾對？這意味著大家其實全選錯了。

敢於按照開始判斷認為錯的那個去選擇嗎？其實正常來講，如果當時不選我認為對的，而是選擇錯的那個，很可能就選對了，以後可能就很幸福。當時所謂的溫柔，當時所謂的通情達理等等各個方面可能都是假象，結婚以後真面目才顯露出來，都是有可能的。看似平時暴力，脾氣不好，長相不好，沒有學歷，各方面學識都一般，好像什麼都不是的人，很可能結婚以後對伴侶無微不至的關心、關懷，這也完全有可能。

計畫也是一樣。為什麼成功的計畫非常少，而失敗的計畫非常多？絕大多數失敗的計畫，不也都是大家經過了深思熟慮以後，覺得一定是對的、能成功的，所以才去做的，結果最後還是一大半都失敗了。現在雖然知道了這個理，但是你敢於逆著思維判斷做選擇嗎？

對於修禪，要的不是別的，就是要有勇氣去面對，有勇氣去取捨，有勇氣去轉識成智，需要的就是勇氣。明師為你指出道路方向，教給你方法，你真的敢去做嗎？修行

真正需要的是什麼？是堅韌不拔的毅力，更需要的是大勇氣，而且是極大的勇氣。你敢逆流而為嗎？

古今之聖人，哪一個不是逆潮流而為。順著潮流的人，不就是所謂的凡夫嗎？然而，絕大多數人都是凡夫，你如何能做到「去來自由，心體無滯」呢？何謂去來自由？如果只允許自己做自己認為對的事，那能稱其為去來自由嗎？不對的事就不允許自己做，那不是自由，而是局限。你是如何從整體局限到一個面，又是怎麼從一個面局限到一條線，從一條線局限到一個點的呢？就是因為你總覺得做這一個點的事才是對的，所以你就執著於這一個點，這個點之外全是錯的，或者都是你不可知的，只有這一個點才是你認為對的，你就緊盯著這個點，放棄了線，放棄了面，更看不到整體。如此怎麼能稱為自由呢？又怎麼可能做到心體無滯呢？

你天天都在做對的事，天天都在跟對的人打交道。所謂不對的人你根本不理，甚至排斥著，結果一萬個跟你相關的人中，你判斷出了一半好一半壞，就屏蔽了壞的一半；進而，在所謂好的當中，你又判斷出了一半與自己投緣的，一半跟自己不投緣的；再繼續在投緣的當中，你又判斷出一半自私的一半無私的，你又只跟無私奉獻的在一起，又

分離出一半。就這樣一半一半的分下去，最後就只剩一個，你感覺方方面面都很滿意，能形成默契，這就是所謂的閨密或者知己，所謂人生得一知己足矣。

其實，你接觸到的、與你相關的有一萬個人，最後變成只有一個知己，就是因為你不斷的分別，僅僅跟那個對的人不斷的磨合、不斷的深入，所以你就只剩下了一個知己。一萬人是個整體，你就從一個整體分裂成面，變成五千；五千人又不斷的分裂，後來都分裂變成了線，只剩下十個人；十個人當中你又排斥了九個，最後就變成了一個點，這還能稱為「心體無滯」嗎？

然而，如何形成滯的呢？怎麼滯住的，怎麼障礙的呢？一萬人中，那九千九百九十九個人怎麼與你隔絕的呢？本來與一萬人應該自由交往，為什麼不自由了呢？就是因為你不斷的分別，不斷的跟自認為對的人在一起溝通和交往，而且不斷的深入，越是深入的找跟自己默契的、對的人，你的世界越是一點一點的縮小，最後就變成了一個點，而你就執著於這個點。當你發現這一個閨密或者知己背叛自己那一天，發現並不是自己想要的那個人的時候，你就會傷心欲絕。這是幾十年來萬裏挑一的，一個自己認為絕對是對的人，結果背叛了自己，所以你痛苦萬分。然

而，是誰讓你痛苦的？是誰讓你煩惱的？是你自己。

做不到一即一切，一切即一，因為還在二中，不斷的二。二即分別，二即陰陽，陰陽即分別，而不斷分別之後造成的結果就是這樣。我們與人相處難道不是這樣嗎？我們接觸了那麼多人，其中多少人是不喜歡的？多少人不想再打交道了？多少人是在一點一點的逐漸屏蔽的？我們不斷的屏蔽，不斷的取捨，後來變成只剩下一個，最後這一個也沒了，其實還是取捨的問題。當真的放下取捨的時候，其實一切都在，相關的一萬人都在，一個也沒少。只要放下了二就是一，一切即一。

真正做到一，而不是二，即不分別的時候，那一萬個人都在，你可以跟這一萬個人隨意的交往，這就叫做一即一切。有一才有一切，心懷一切就必須保持一的狀態，能保持一的狀態，這一切才能存在。這時候就能做到「去來自由，心體無滯」，沒有障礙，一萬個人都在，都好也都不好，都不完美也都完美。然而，無論完美不完美，我都交往、都相處。我們現在所說的修行入手，其實就是從此處入手。

修行一定要先從人入手，從人的關係入手，再從事上入手，在事上修，然後才從物上入手。經過這三個階段，

即人事物，後面整個宇宙合而為一，就能看到宇宙的整體，這就是大神通，就是「一切即一，一即一切，去來自由，心體無滯，即是般若」。真正的大智慧亦即由此呈現出來。

《六祖壇經》中這一段非常重要，如何做到一即一切，一切即一？如何做到「用即了了分明，應用便知一切」？用什麼，怎麼用，用在何處，即是我們從哪裡起修？我們在此所講的是如何轉識成智，先成觀察智，最後成圓滿智。觀察什麼？觀察我們的識，識即意識、判斷、分別。認清這個識，逆識而動，我們才能做到了了分明，才能做到便知一切。打破自己的思維模式，打破這一套只做對的事的模式、這一套慣性，就是修禪的開始。這也就是不思善不思惡，不有意去做善的事，也不有意去做惡的事，此處所謂善就是對、惡就是錯，也就是說，不有意去做對的事，也不有意去做錯的事。

有人提出疑問，「老師，您剛剛不是告訴我們，要從做錯的事開始嗎？」

是的，因為矯枉還需過正。這是何意？我們生生世世都在做對的事，這種知見、習性已經深深刻在我們的骨子裡，如何扭轉這種習性呢？矯枉還需過正。以前專做對的事，以後就專做錯的事。

有人還是有疑慮，「老師，有沒有可能做錯的事最後真的錯了呢？」

　　當然，這也有極大的可能，關鍵是你還有勇氣那樣去做嗎？

　　很多人認為，「老師，我一看就知道是錯的事，我還去做，那不是傻子嗎？」

　　這就對了，你有那個勇氣當傻子嗎？

　　繼續疑問，「我為什麼要當傻子呢？一想就是錯的，我怎麼能按照錯的去做呢？」

　　是不是真的當傻子，以後你就知道了。其實，你認為錯的不一定全是錯，至少有一半是對的，很可能大半是對的。你的人生之所以失敗，之所以不究竟，之所以煩惱、痛苦，不正是因為你每一次下決定，都按照你認為對的做嗎？其實就是為此才導向了你人生的失敗，和無盡的煩惱與痛苦。如果幾十年前，你就學了這一套智慧，就完全按照你所認為的錯的事去做，何至於現在導向這麼痛苦、失敗的人生呢？但是你有勇氣去嘗試嗎？現在你有勇氣去改變嗎？別人都說是錯的一件事，你自己也認為是錯的時候，你敢不敢去做？

所以，現實中多少成功的企業家，在最有決定性、實現積累第一桶金的決策做出時，絕大多數都是冒天下之大不韙，別人都認為做的是錯的，而只有他堅定的認為這樣做是對的，就應該這麼做。別人都說他是傻子，他依然堅決的做，結果最後就做成了。其實我們都清楚，比方說所有的人都覺得這樣做是對的，然後有人這樣去做了，結果就成功了，怎麼會有這種情況出現？

　　其實，就像買股票一樣，大家都覺著這隻股票要漲，這時你是不是應該賣？大家都覺得會漲，你瘋搶著跟大家一起追漲，其實基本上這支股票已經達到了最頂點，之後馬上就要開始跌了；大家都覺著一支股票還會繼續跌下去的時候，都想寧可便宜、虧損也要賣出，想脫手的時候，如果你買了，基本上後面就是大漲。這就是從股票的角度，來看人的思維模式，看人對於對錯的理解。如果你能和眾生相反，就能賺大錢，但是問題在於你敢嗎？都知道這個理，敢於真金白銀的去做嗎？

　　以前在股票市場上收獲大利的人，讓他們講一講股票，都講不出來。到底怎麼買，何時買？怎麼賣，何時賣？其實回顧一下歷史事實，中國股市最早的時候還沒有幾台汽車，都是騎自行車，那時很簡單，只要看到證券公司門

前的自行車特別多，已經排不下的時候，就去賣；而門前沒有自行車了，門可羅雀的時候，就去買。也不需要知道股票哪支好、哪支不好，不用分析，只需看外面的自行車，到時隨意買幾支，如此不會研究卻掌握了大勢的人，反而是在股票操作上獲利最大的人。而那些會研究股票，總想比別人先行一步的人，就是那很多自行車中的一個，應該賣的時候買了，跟著追漲；而大家都不去買，都對股市絕望的時候，他比別人更絕望，早早的就拋掉了。所以絕大多數的，97.5% 的股民都是虧的，因為都是那眾多自行車中一個，不就是因為所謂的順勢而為嗎？

順勢而為者，現實中基本都是失敗者，這也可以叫做從眾如流、從善如流。善就是指對的，自己認為對的就去做，其實你認為對的時候，大家都覺得是對的。類似於傳銷，一開始大家都不信、都覺得有風險的時候投進去，逆勢而為，即是當做傳銷的人開始說一個產品有十幾、二十個百分點的利息，別人還都不相信的時候，你相信了投進去了，而當很多人都相信了，大家都瘋狂買的時候，你是不是就要趕快撤出來了，此時撤出你的本金也回來了，利息也得到了。所有的所謂傳銷、金融詐騙，一定是把最後進去的那一批人留住、虧掉了，前面進去的、提前跑了的都賺了大錢。所以，傳銷並不是不能投，知道是怎麼回事

了，就可以投入了。但是一定記住，逆流而為。這就是禪告訴我們的，就是人生的真諦。

這一段話在講如何應用，如何把禪在現實中用出來，用即是修行，就是轉識成智。如何轉自己的識，亦即是對錯判斷？其實轉識就是指將認為對的轉過來，認為其不對；認為錯的反而就去做。此時智慧就來了，也就是轉識成智。如果現在要開始修禪，就要這樣修，與打坐沒有關係，如此修來修去心就清淨了，因為識不起作用了。本來我們的軌跡是生生世世都在向著自己認為對的方向做，雖然結果證明往往做的都是不對的，但依然還是得向著對的方向，所謂凡夫和迷人就是如此而來。而所謂轉，即是指立刻停住而後逆著來，當我們停得住、能逆著來的時候，識就不起作用了，清淨心就出來了，清淨心一出來智慧就呈現了。

有人問：「老師，是不是智慧呈現出來後，做任何事就都是對的了？」

此話一出，就證明還是有對錯之分。

其實，這樣修就可以做到「去來自由，心體無滯」，般若大智慧就會呈現。而前面也講了很多，都是告訴大家如何能夠起修？就是要放下分別。放下分別後心就清淨了，心清淨了智慧就流露，般若就出現了；摩訶般若波羅蜜多，

般若出現了，心的廣大無垠就體現出來；然後看任何事物就都是整體的，這時就到達了彼岸，回家了，成佛了，即達到涅槃的狀態，如如不動、清淨涅槃的狀態。

我們在此講解的，是意識上如何放下分別。放下分別絕對不是開始打坐什麼都不想，或者發現討厭某人時，就讓自己不討厭、不能分別，這樣其實叫做壓抑，不是真正的放下分別，而是壓著自己不可以分別。不可以分別和放下分別絕不是一回事，不允許分別和放下分別更不是一個概念，放下分別是真的認為不應該分別，而不是僅僅覺得分別是不對的。時時的壓抑，而心裡還在分別，那怎麼修行？越是這樣修所謂的放下分別，內心反而越分別，最後哪裡有壓抑，哪裡就有反抗，哪裡就有大反彈。最後修成的狀態反而是，看似天天不分別，內心中卻有非常劇烈的分別，表面看著平靜似水、靜如止水，其實水面以下波濤洶湧，有著巨大的分別。

前面講的放下分別是理，這裡所講的是如何放下的方法，因此六祖惠能這一段話對禪修非常的重要。迷人口說，智者心行，這就是講智者如何心行，怎麼放下分別。其實平時越強調放下分別，越是放不下，所以在現實中要有方法去放下分別，這即是用。此處即是在講如何用，用了就

能了了分明，天天用時時用，即可「便知一切」，就能破掉意識、即「二」，破掉了二即是一，就達到了一，達到了「一切即一，一即一切」，整體性就呈現出來，就可以做到「去來自由，心體無滯」，般若大智慧就會產生。這才真正是修本體最基本最簡單的方法。

大智慧就在那裡，我們不需要去修智慧，並不是明白的越多，智慧就越現前。明白的都叫做知識，知識越多，很可能所知障越重，反而越壓抑智慧。智慧是不需要修的，真的把分別放下，智慧就直接呈現出來。

有人問：「老師，不學習能有智慧嗎？我要透過學習才能有大量的知識、大量的經驗、大量的閱歷，然後我才能有智慧啊。」

這就是一種錯見。智慧不是積累來的，而知識是積累來的，技能是積累來的。越積累越熟練的，叫做技能，叫做知識。智慧本來就在，不需要修，只要把對於對的執著去掉，自然而然就不分別了。分別的根源就是要先找到對，然後去做。當我不需要找對的時候，就不需要分別了，那時自然而然就放下了分別心，自然而然就清淨了。一旦清淨了，般若大智慧就會自然流出。

六祖惠能不識字，也沒有知識和技能的積累過程，但

他修的是本體，放下對錯，放下分別，智慧自然現前。那時候的他，開口句句成文章，都是經典。說的任何一句話，做的任何一件事，都趨向於一，趨向於整體，趨向於圓滿，包含的資訊都是無限廣大。因為六祖的心本就是「來去自由，心體無滯」，《六祖壇經》也就是這樣出現的。無所謂對錯，張口即來，流出來的即是智慧。所以，我們真正修禪，就要把《六祖壇經》修好。

有人又問了，「老師，您不是說只要認為對的就不去修，就不去做嗎？」

如果這麼理解，什麼都不去做，就又落入了「寂滅空」，就什麼都沒有了。放下分別不等於沒有分別，如果所有的事物僅是從錯了的方向去做，那六祖惠能也沒必要留下《六祖壇經》了。到底怎麼做，要自己去悟。如果只做對的，那就落入了一個追求最對的軌跡當中；如果只是做錯的，那豈不還是覺得做自己認為錯的事，是一種對嗎？只不過是從一個軌跡，落入到所謂另一個但還是同樣的軌跡中，其實還是沒有從原來那個軌跡中出來。這要好好去悟，不能偏執，這個理就是所謂過猶不及。

知道了這個理，其實是因為以前一直在做對的，所以現在著重去做錯的，但是又不能執著於做錯的，否則就又

落到認為錯的就是對，這一同樣軌跡的另一極端中，那也不行，還不是「去來自由，心體無滯」。真正的「去來自由，心體無滯」是不管判斷出的是對還是錯，想按照對的做，就按照對的去做，想按照錯的做，就按照錯的去做，不受對錯判斷的制約和左右。不思善不思惡，既不做認為對的事，又不是只按錯的去做事。如此修來練去，即是「去來自由，心體無滯」，我們的般若智慧才會流露出來。

第九章

一真一切真
心量大事 不行小道

第一節

佛智自然第一關返觀內心
人生遊戲大自在回歸創造

【善知識！一切般若智，皆從自性而生，不從外入，莫錯用意，名為真性自用。一真一切真。心量大事，不行小道。口莫終日說空，心中不修此行；恰似凡人自稱國王，終不可得，非吾弟子。】

般若智即圓滿的大智慧，都是從自性中生出來的。六祖惠能說：「善知識，一切般若智皆從自性生，不從外入，莫錯用意，名為真性自用。」這句話就是在告訴我們，這種圓滿的智慧不是在外面學習而來的，不是由於外面的經驗、閱歷而獲得，或者從經典中得來，從明師處得來。真正的大智慧沒有一點是從外面得來的，一定是從自性當中生出來的。何謂生出來？就不是人為的造作、做出來的，而是自然而然生出來的。這樣生出來的就是般若大智慧，即是圓滿的智慧。而所有從外面來的，就不是般若智慧。

前面我們講過，智慧分很多種，有凡夫智、聲聞智、緣覺智、菩薩智，而般若智僅指佛智，是圓滿智。凡夫智肯定是從外入，透過不斷學習、不斷判別，形成自己的經

驗、經歷而來的。聲聞智是觀察得來的，透過如何離苦得樂，觀察苦而得來的。緣覺智是透過觀察無常，從而得到的智慧。然而這些都是有漏智，都不是圓滿智。般若智即佛智，一定是從自性中自然而然生出來的，而生出來的即是不從外入。

所謂「莫錯用意」，何為錯呢？為什麼凡夫發不出般若智呢？人人皆有般若之智，圓滿的大智慧像太陽一樣就在那裡，但迷人、凡夫、眾生為何就是發不出來呢？為什麼只有佛才能把這種圓滿大智慧生出來呢？就因為凡夫都是在用意，用意就導致般若智生不出來。

其實，每一個人時時刻刻都在生發般若智慧，但是由於用意，意即意識，用意識去分別，才形成所知障的烏雲，把光明遮住，而光明就是般若智慧。般若智慧時時都在生發，由於用意，即是分別、判斷、推理，不認其為真，就會懷疑，不斷做比較，如此般若智慧就被遮住，就被烏雲所遮障。因此，我們看到的即是烏雲，烏雲是用意的結果；而智慧的光明就看不到了。其實光明時時都在，光明是從哪裡發出來的？都是從我的自性中發出來的，本來就有，從來沒有間斷過，從來沒有斷滅過。

所以，釋迦牟尼佛祖成佛的時候告訴我們，佛性人人

皆有，只是由於執著和妄想故，將智慧之光、佛性遮蔽了，我們才見不到，才離光明甚遠，才沒有圓滿的大智慧。此處又從這個角度告訴我們，般若智慧是從哪裡來的。非常重要的是，千萬不要向外尋找，一切都是從心中來，外面沒有上帝，外面沒有神仙，外面沒有佛菩薩。其實，上帝是上帝，佛菩薩是佛菩薩，神仙是神仙，地獄眾生是地獄眾生，各自有各自的命運安排，外界的任何人也左右不了我，也不能給我提供任何一點圓滿的智慧。所有我的圓滿智慧，一定是從我的心中發出來的。人人都有一座靈山，都要在「靈山塔下修」，而靈山在哪裡？靈山只在我心頭，不要向外去尋找。

我們要想修佛法，唯一的正道就是修心，修心以外的都叫做外道。修神通廣大也好，觀察宇宙自然的規律也罷，無論修什麼、怎麼修，也不管觀察什麼，只要是向外的、離開了心的全是外道。外道無論怎麼修也永遠入不了道。所以，修佛法唯一的正道就是回頭是岸。回頭，就是要把我們向外看的眼睛收回來，把我們向外看的心收回來。收回到哪裡呢？要把眼光看向我們的自心、內心。所以修佛第一門、第一道、第一關就是收回向外之心、向外之眼，收回來觀照自己的內心。

內心如何觀照？怎麼尋找內心？怎麼看內心呢？其實根本找不到心在什麼地方，這是為何？心，亦稱為阿賴耶識，也就是我們的第八識，一切的種子都在這裡。我們怎麼找？心本來是不垢不淨、不增不減、不生不滅，既盡虛空遍法界，又不存在於任何空間。生都未生，也不存在滅，到哪裡去找？存在於哪個空間呢？心是無處不在的。如何觀心？怎麼找這顆心？怎麼能夠觀到這顆心？透過什麼方法能使眼光向內觀照？此即修禪的一大關。找不到這顆心，不識本心，一切皆是妄談，無論修任何法、修任何道，最後都不會究竟。因此，如何觀心，如何向內找尋這顆心，就是密傳的入門方法。

　　用一句話來講，心是找不到其本體，觀察不了，看不見的，但是心的一切是可以投射出去的。

　　透過心投射出去的場景，就能返觀到心的樣子，就像投影儀裡的儲存卡，卡裡可能包羅萬象，各種資訊、各類內容都有，但是只憑肉眼去看儲存卡，是看不到裡面的資訊和內容的，必須得轉化，才能看到裡面的內容。透過什麼轉化呢？透過投影儀。儲存卡放入投影儀中轉換其內容格式，然後就可以把儲存卡的內容發出來，投射到螢幕上，透過螢幕就能看到儲存卡裡的內容。

同樣的道理，我們直接看這顆心就像看儲存卡一樣，看不見內容，而我們的身體就相當於一部投影儀，插入儲存卡，相當於我誕生的一瞬間，整個宇宙、日月星辰、山河大地，就立刻全體呈現了。所謂呈現，就是投影儀把儲存卡裡的內容投射到螢幕之上。我們現在看到的山河大地、日月星辰，一切人事物，都是阿賴耶識這個儲存卡投射出去的內容。

　　阿賴耶識本身又有識的功能，也能觀察，有感覺，能知覺。阿賴耶識投出去的，又能透過五識觀察，這都是阿賴耶識的功能。壽、暖、行、識，是阿賴耶識的四大功能。壽，即有壽命，我們的壽命有多長時間，是阿賴耶識起的作用。暖，有阿賴耶識在，就都是有情之物，都有暖的功能，因此我們的身體都是暖的；而人死之後是涼的，就沒有了暖。行，我們有行動力，是可以動作的。識，即有思想，有意識，能認知，能觀察。這些都是阿賴耶識的功能。

　　我們的五識用於觀察，第六識用於判斷，透過眼、耳、鼻、舌、身這五識，能觀察阿賴耶識投射出去、投在螢幕上的影像，我們就知道心的內容了。但是，心投射出去，我們看到的影像，遠遠超過現在所看的電影的訊息量。現在的電影是二維的，只是在螢幕上投射出的一個平面。而

我們所看到心投射出去的影像，不僅僅是二維平面，而是立體的，就好像現在的模擬現實，眼、耳、鼻、舌、身各種知覺感受都在這裡面。

隨著電子科技的不斷發展，把腦神經和電子科技連接起來，人們戴著耳機、眼罩等設備，就能進入虛擬現實的世界。現在的電子遊戲已經在向這方面發展中，以後就能夠實現戴上眼罩等設備，隨之進入到虛擬現實的森林中時，看到的、聞到的、聽到的、身體碰觸到的，完全是身臨其境，就如同身在森林之中，根本不知道自己正在玩著虛擬遊戲。

人生在世，其實我們現在就在一個虛擬的遊戲中、在一個虛擬的場景中。這個場景不是實相，不是真正的存在，就是阿賴耶識投出去的影子。我們在這個影子當中，也是影像的一部分，就像我們在身臨其境的遊戲當中一樣。遊戲中的牆不是真實的，其實沒有那座牆，但是對於遊戲中的人物，就逾越不過去，就得按照遊戲中一定的物理規則，或者把牆撞碎、打倒，或者跳躍過去，才能越過這座牆的障礙。但是這個障礙、這座牆真的存在嗎？其實不存在，所以叫虛像。虛像在我們的意識當中，我們認為是實相，所以才成為實相。

也就是說，遊戲當中的規則，遊戲中的人無法打破，除非找到了漏洞 bug，除非遊戲中的人能夠超越於遊戲。而誰創造的遊戲，誰就是所謂的上帝，他在創造遊戲的過程中，創造了所謂的規則。亦即是說，我們現在所謂的物理規則、客觀世界的規則，都是一種創造。

　　那麼這個創造客觀世界遊戲的人是誰呢？就是我們所謂的上帝。但這裡所說的上帝，不同於西方的上帝。西方的上帝是指外面有一個萬能的上帝，即造物主，他造了宇宙自然，造了人事物，造了一切，包括我自己都是外面的那個上帝造的。而我們的佛法、中華的禪，一再告訴我們，這個世界以及我自己，是誰創造的？是我心中的上帝創造的，亦即是佛法當中一再講的「心」，心在這裡也可以勉稱之為自性。一切般若大智慧皆從自性而生，即是從我的心中生出來。心、自性就是我的上帝，我的造物主。

　　也就是說每個人都有每個人的世界，每一個生物、每一個眾生，都有自己的一整套的世界。而且每個人的世界都是唯一的，我只存在於我造的世界當中，一隻狗也只存在於它所造的世界當中，所有的眾生也都有自己唯一的世界。

　　然而，為什麼我和狗，以及其他人類、眾生，好像都

在一個世界之中呢？這是一種我以為的假象。真正學佛法，必須要把這種假象打破，必須要清清楚楚地知道：我的世界我是唯一性，在我的世界中沒有別人，沒有第二個人，只有我。所有的人事物，宇宙的萬有都是我創造出來的，都是與我相關，配合我的存在而存在的。當我消失的那一瞬間，我的整個世界中的人事物全都不復存在。

那為什麼每一個人都覺得，自己跟另外七十億人好像都在一個世界中，都在一個地球上呢？這就叫做共業。比如，老師的心中有一批聽他講課的學生，這就是這位老師的世界中創造出來一批聽他講課的學生；而正在聽老師講課的學生心中，也有一位老師在給他們講課，這就是共業。老師心中有學生，學生心中有老師，老師想要的就是這樣一些學生坐在台下聽課，而這些不同的學生，有共同的願望，並共同創造出一位這樣的老師在講課。所以就形成了共業，學生的世界和老師的世界重合，交織在一起。我中有你，你中有我，但一定是我就在我的世界中，你就在你的世界中。因為學生的世界中有老師，老師的世界中有學生，所以師生在現實中才會重合，才有共業所生，這就叫做緣。一切的存在都是緣，都是因和緣聚合到一起。

有人會問，「怎麼會那麼巧呢？老師，你的心中有這

樣的學生，正好這樣的學生心中又有這樣的老師。這麼巧，多難遇到啊！」

其實就是這樣，無盡無量的眾生當中，有這種共業、有這種因緣聚合的可能性很大，這一批人聚在一起就形成一個緣。因和緣，也就是共業在一起的時候，只要緣未盡就在一起聚著；一旦緣盡分開，那麼你是你的世界，我是我的世界，就不可能在一起了。但是，一切其實都是一種幻象，這種幻象就是從自性而生，從心發出來的。所以，我們什麼都不要去向外求。

其實哪有什麼是外啊？比如眼睛所見，我們有眼識，就相當於我們的視覺神經，用於接收資訊，眼根是有生理結構的眼睛；我透過眼識接受資訊，到達中樞神經，一切都在中樞神經成像。耳根接收資訊以後，透過耳識感知、感受，然後到達中樞神經形成聲音。鼻、舌、身，則形成了各種嗅覺、味覺、觸覺。即是形成了各種感知，這其實就是我的自性中，自己玩的一個遊戲。心發出萬有，發出投影，心又造了五識及五根，進而還有六識、六根，即包括意識和意根，來判斷、取捨。這都是心在玩的遊戲，看似我們看的是外面、是別人，其實沒有外面和別人，都是我們的心在運作、在造作。

所以，學佛真正要想學通佛理，入門處就在此，必須要看到自心、本心、自性，何為真、何為假，要把這些看透、看清楚，這些就是本質。我們自己創造了種種這些以後，又迷在自己創造的遊戲當中，進入遊戲中，就真的把自己當成遊戲中的一個角色，忘了自己其實是遊戲的製造者。我為什麼要創造這個遊戲呢？是因為我想玩這個遊戲，我想體驗，所以創造了這個遊戲，遊戲中的所有規則其實都是我造的。既然是我造的，我能不能改呢？關鍵即此，我造的遊戲，只有我能改遊戲的規則，任何別人都不可能在我造的遊戲中修改遊戲規則。

此處所講的意思就是，任何向外去求的，都不可能改變我的命運。我的命運，包括所有的物理規則，微觀量子世界的、微觀宇宙的規則都是我定的，那誰能修改呢？只有我自己能改。真正修行佛法，修的其實就是這一句：一切都是我造的。

一句話概括佛法，即是「一切唯心所造」。

剛才所講的「一切般若智皆從自性而生」，解讀翻譯過來就是一切唯心所造。那我們怎樣才能改變命運呢？為什麼要知道這個真相呢？其實，知道真相的意義，就是要改變現在現實中諸多的不圓滿。

何謂成佛？佛即覺悟者，是覺者就還沒有脫離人，還是人。說到佛，不是指宇宙中有一位金光萬道、神通廣大的佛祖，飄在空中，任何事都能做到，根本不是那樣的。其實，覺悟了的人就是佛。何謂悟者？何為凡夫？凡夫即迷者，是迷著的眾生；佛即悟者。

　　迷者，就是指自己創造了遊戲，又在玩這個遊戲，結果自己迷在遊戲當中，忘了這個遊戲是自己創造的，真的把自己當成遊戲中的人物去感受這個遊戲，以為這些都是真的，然後自己還在想，是誰安排了我的命運，是誰制定了這些規則、這些宇宙自然的規律，我是打破不了的，這樣就成了迷者。

　　而悟者，所謂佛，即是一下想到了、覺悟了，想起了原來這個遊戲是我造的，所有的規則其實都是我定的，既然是我定的我就能改變，我想怎麼玩就能怎麼玩。我要改變遊戲規則很簡單，我從遊戲中跳出來，去改變底層的軟體程式，將規則改變，遊戲中的我就是萬能的了。我戴著眼罩打遊戲，百死千生也一直通不了關，其實是因為我給自己設定的遊戲規則太難了，那怎麼辦？我一旦覺悟，把眼罩拿下來，回到遊戲底層程式的編輯過程中，重新編輯一下遊戲程式，把自己設置成無敵模式，然後再回到遊戲

中玩，回來以後即一切皆圓滿，我想做什麼就做什麼，這就叫做心想事成，這就是佛。

其實佛與眾生沒有區別，同樣都是遊戲製造者，也都同樣製造了遊戲自己去玩。只是佛覺悟了，覺悟之後隨時能從遊戲中出來，隨時能改變遊戲規則，這即是大自在。真正成為大自在、大菩薩，就能夠穿越陰陽兩界，不在五行之中。何謂「跳出三界外，不在五行中」？意思是只有跳出三界，才能不受五行規則的限制，三界即是遊戲，五行就是遊戲的程式、基本框架，一旦從遊戲當中出來，就不受遊戲規則的左右了。所以，真正修成佛法、修成道法、修成儒學的最高境界，都是跳出三界外，不在五行中，即從遊戲中超脫出來、脫離了，這就是所謂醒了、覺醒了，不在迷的狀態下了。

我醒過來發現，原來自己是在玩一個遊戲，並且遊戲還是自己創造的，之前受的那些苦，何必呢！我為什麼造這麼苦的遊戲呢？就是要感受、要經歷！人生的意義在何？不論苦與樂、開心與煩惱，其實都是自己的心造的，都是為了經歷，要經歷各種不同的滋味。

有人問：「既然這個遊戲是我造的，為什麼我不造得開心一些，不造得一帆風順、心想事成呢？」

問題在於，剛開始造遊戲的時候，造的就是開心的、全是甜的、都是心想事成的，但是玩了一萬遍以後，還想再玩同樣的嗎？是不是就想去嘗試新鮮的，嘗試不開心是什麼滋味呢？原來天天快樂，那痛苦是什麼滋味呢？天天圓滿，那恐懼又是什麼滋味呢？為什麼會害怕，害怕是什麼感受，什麼叫做毛骨悚然呢？進監牢、蹲監獄是什麼感覺呢？犯了錯被人抓住，是什麼感受呢？犯了法沒被抓住，被追捕時是一種什麼樣的感受呢？就是要體會這些滋味。

　　其實都是自己想感受、想體會、想經歷，這就是人生的意義。天天吃甜的，天天魚翅鮑魚，總有膩的一天，總有想嘗嘗粗茶淡飯的一天，當粗茶淡飯吃得差不多了，就又想魚翅鮑魚了。這就是人生，酸甜苦辣鹹都要去體會，而現在的痛苦和煩惱都是在自己設定的遊戲當中，正在體會苦和辣，然後在體會的過程中後悔，自己的人生為何這麼苦，才去尋找出離之道。

　　我為什麼這麼苦，別人為什麼那麼幸福？我的苦是從哪裡來的？因此才開始關注和學習佛法、道法以及儒學，這些都是告訴我們離苦得樂之道，告訴我們如何修行身心的圓滿之道，其實都是在給我們揭示真相。當知道這些真相的時候，我們信嗎？敢於接受現實嗎？現實中，我們就

在夢中，醒了以後知道夢中的一切是假的，但是在夢中我們就認為那是真實的，就覺著那是真實的。我們有美夢，不願意醒；我們有恐怖的夢、噩夢，但我們不知道在夢中應該醒，而且可以醒；如果我們在夢中被叫醒，有人說這是在做夢，都是假的，但在夢中我們不一定能相信，即使相信了也不一定能醒過來。

所以，我們為什麼要修行？其實佛、道、儒告訴我們的是一回事，修行的入門處都是認清真相。清楚真相以後，再繼續修如何醒過來，醒過來之後修如何超越。何謂超越？何謂昇華？何謂白日飛昇？為何有的人大白天就消失不見了，就昇到空中了，所謂昇到空中是去哪兒了？有人認為是昇到天上了，其實不是昇到天上了，而是從遊戲中脫離了，又回到遊戲編輯人、創造者的身份，從遊戲當中出去了，就叫做白日飛昇，即是超越了。道家稱此為修仙，修成神仙就回到了天界。回到天界即是指又變成了自己的造物主，回來成為創造者。這時候就神通廣大了，就能轉變自己的命運，還能轉變別人的命運，甚至能夠轉變世界的命運。

然而，如此再回來的時候，也許是一個造物主、一個拯救者、一個救世主；也許就是一個毀滅者。為什麼？因

為他想換一種玩法，天天當救世主已經當膩了，想當一個毀滅者、大魔王，既然自己創造了這個世界，就想看看能否將其毀掉，在毀掉世界的時候會是怎樣的痛苦和恐懼？毀掉舊世界又如何再造一個新世界？其實全都是自己在玩！哪兒有什麼佛，哪兒有什麼魔！全是自己而已。自己是自己，所有的別人也是自己，其實都是自己的一個人格化現。

在你自己創造的遊戲中，你創造的一切人都是你自己，一切物都是你自己，一切事物的發生、發展也都是你自己。這就是「一切般若智，皆從自性而生」，也就是佛法說的「一切唯心所造」。

第二節
密傳喚醒法心能轉境
心中自革命改變世界

「不從外入，莫錯用意」，意思是不要往別的地方去想，不要去分析判斷，這不是分析判斷出來的，真諦、真相只有一個，沒有二，即所謂不二法門。認識到此，就叫做「真性自用」，真實的知道了自性是什麼，然後就能自用，就能夠左右、控制、掌控自己的命運，以及自己的世界和宇宙。

講到此處有人會問：「老師，那我怎麼醒過來？我知道您現在所說的，我正在做夢，但我為何還是覺著這都是真的呢？我怎麼就不覺得這是做夢呢？我到底怎樣才能醒過來呢？」

佛開八萬四千法門，其實就是教我們喚醒自己的八萬四千種方法。所以，修佛、修道、修儒，就是三大類喚醒我們的方法，跟哪種方法有緣，就去修哪一種。其實無論修哪一種，最後修的都是一回事，都是一個結果，都是到彼岸。圓滿大智慧到彼岸，最後修的都是這一顆心。

現在的你是什麼狀態呢？是迷人的狀態，睡著了，即

迷者。有人叫醒你，你自己又不想醒，為什麼不想醒？因為怕醒了以後，夢中的一切都消失了。

有人就問了，「老師，我現在正在做噩夢，我為什麼還怕消失呢？我應該趕快睜開眼睛，這個噩夢不就不存在了嗎？」

事實上，所有的噩夢、所有的人生都是苦樂參半。當我們苦的時候，我們想出離這個世界；當我們樂的時候，我們又留戀這個世界。一般來講，苦樂參半是既有苦讓我們煩惱，又有捨不得的樂。為什麼不願意醒？如果全是苦的，我們直接就醒了，就不在這裡玩了。但是因為世間還有很多的樂，包括情、愛、財、色、美食，都是我們所貪戀的，貪戀就會不捨，所以我們不想離開這個世界，我們還想在這個世界繼續玩下去。

即使一再告訴我，這是夢，可以醒了！然而，當我想到煩惱、痛苦的時候，我想醒；但同時想到美食美色、金錢無數、美麗風景，再想到父母親情、兒孫，我又捨不得醒，又捨不得離開這個遊戲。我知道，一旦醒了，離開這個遊戲，一切就都是過眼雲煙，都沒有了。如果是那樣，我在現實中掙了那麼多錢還沒花完；還有那麼多的美景沒有去遊玩；還有那麼多的美食、美色，沒有去嘗試、享受；

還有那麼多的冒險和刺激沒有去感受，我怎麼能醒過來呢！

這就是人生啊。為什麼絕大部分的人都不願意醒，看似很痛苦也不願意醒，再怎麼呼喚也無法喚醒。一個真的睡著的人，很容易喚醒；但是一個裝睡的人、不想醒的人，不管用什麼方法都喚不醒。

所以，佛法一開始就告訴我們，世間是苦的。苦來源於哪裡？為什麼我們沒有出離心？為什麼我們不能掌控自己的命運？為什麼我們還在世間不斷翻滾？就是因為貪、嗔、癡，這三毒。三毒用以形容我們的七情六欲、五欲六塵。貪戀，有內貪戀、有外貪戀，內外皆戀、五欲六塵，把我們死死的抓在現實世界中，我們一分一秒都不想離開，所以就在紅塵當中不斷的沉浮，沉浮於喜怒哀樂、七情六欲。

我們脫離不了五欲六塵。五欲，即財、色、名、食、睡，放不下所掙的錢；放不下美女帥哥，及各種享受；放不下現實中崇高的名聲，大家都敬服我的感受；放不下美食等等。五欲六塵牢牢地將我們抓住，所以學佛法要從破除五欲六塵開始起修，破除以後就不再貪戀，不貪戀就有出離心，生出了出離心以後，這樣的人就很容易被喚醒，這就是佛法講究的。

儒學則不講究出離，儒學讓我們在世間玩得更好、玩

得更圓滿，反正已經來到世間了，就好好的玩吧！在世間怎麼能夠玩好，如何能在世間就把苦轉化成樂，這是儒學。所以，儒學和佛學的目標不同。佛講出離，還在這兒玩什麼假東西啊，一切都是假的，有什麼可玩的？儒學則有真，假中有真，真中有假，出離了世間不也是一回事嗎？為什麼造這個世界？既然造了世界就得玩好，這就是儒學。到底哪個對、哪個錯呢？其實沒有對錯之分，只是我們想走哪條路而已。但是不管學儒學、學道法、還是學佛法，我們都要知道，一切都是我造的，「不從外入」即跟外面沒有任何關係，根本沒有什麼是「外」，「莫錯用意」即千萬別理解錯了。

何謂凡夫？心隨境轉即凡夫。何為佛？《楞嚴經》裡講，心能轉物則同如來，亦即是心能轉境即如來，或叫做境隨心轉即如來。這就是凡夫和佛的區別，前面講了很多其實就是這個境界。

我隨著境界去轉，我的心不斷的在動，怎麼動？外面有好事、喜悅的事，我的心就開心；外面有煩惱、有衝突、有恐懼了，我的心就害怕。所以，心隨境轉即凡夫。為什麼會這樣？因為這樣就會認為外面的一切都是真，都是客觀的存在，我的心是受著客觀存在的影響，我是宇宙自然

的一部分，因為有了宇宙才有了我。一旦宇宙中有天災人禍，我這一個體可能就不存在了，所以我有恐懼、擔心、煩惱，我有歡喜、開心，所以這顆心一再隨著外境去轉化、轉變，這就是凡夫，就是迷人。

那何為如來？如來即是佛，佛能做到心能轉物。物即外面的一切，我的心都能轉，即是境隨心轉。有不好的煩惱、衝突、痛苦，這些我不想要、不想經歷，怎麼辦？我的心一下就能將這些轉掉，境隨心轉，這時就是如來，也就是心想事成。這就是我們要修的，當知道一切都是我造的，掌握「一切唯心所造」的真相，又掌握了如何運用這顆心來改變我的世界之時，其實已經成佛了，就是如來了。

掌握了這些，而且心不斷的在做、在行的時候，這一整套就叫做般若大智慧，只有這種智慧才是圓滿的大智慧，才是究竟的大智慧。其他的都不能稱之為般若，都是有漏的、不究竟的、不圓滿的。真正把這個理釐清、悟透、學明白了，才能稱為真性自用。到底怎麼用，是有一整套方法的，在此先把真相給大家講清楚。如果不認同，覺得現實中的一切都是真實的，就會認為，我跟那個人關係不好，我恨他，他也恨我，他是個小人天天都在針對我，我就得在外界跟他溝通好，因為我根本不相信他就是我，只要改

變了我，就能改變我們倆之間的關係。如果對此都不認同，後面肯定學不下去。

後面教的都是方法，教授真性如何自用。真性，就是真實的狀態、真實的本質；自用，即是只有在自己身上啟用、起修、去行，這樣才是心行，這才是真正入門的方法。必須先認同這些，後面再學習一些密傳的方法。密傳的什麼呢？傳的就是如何改變這顆心，從而改變我的世界。

任何的法，一定都有顯傳的部分和密傳的部分。顯傳是理，可以普傳；密傳是行，即具體怎麼做，只能單傳。密傳的方法不可能擺到市面上，普遍的告訴大家，這麼做不符合規律。顯傳為陽，密傳是陰。陰一定是要深藏，看不見，但是真正的力量都源自於陰。這是何意？就是現實中顯傳的理無論多麼明白，如果沒有師父教你密傳的方法，也沒有用，根本用不了。

因此，只明白理不行。就好像我們現在就在夢中，這些理你全都明白，而且你自己知道正在做夢，問題在於如何醒過來？必須得有師父帶你，教你密傳的方法，那就是叫醒你的方法。每個門派、每個法門都有其特定的方法叫醒你。我們知道很多叫醒人的方式和方法，有時是在旁邊大喊一聲，突然驚醒，這是個方法；有時在臉上叭叭打兩

巴掌，也是方法；呼喚、搖晃、拍打都是方法，雖然方法很多，但是必須得有實際可用的，不可能只在夢中把理講明白，卻不用方法，既不喊，也不打，那在夢中基本上就醒不過來！

所以，我們公開講的《六祖壇經》都是經典上的顯學，其中沒有密傳的方法。方法都是密傳的，都是口耳相傳，是師父根據弟子的根性、弟子的悟性，根據弟子的業障、弟子的德行，一對一的口耳相傳，如此密傳的就是方法。然後，弟子在知道理的前提下，堅定的、不斷的刻苦努力，堅韌不拔的按照方法去修，最後才能恍然大徹大悟。大徹大悟就是醒了，突然一下就醒了。

這裡所講的就是知行合一，所有的修行一定都是這條路，一定是不二法門，沒有第二條。在此先通理，如果理不通，教再多的方法也沒用，也醒不過來，只會越陷越深，甚至走入邪途，所以師父不輕易傳方法。其實方法很簡單，卻不會輕易傳，因為不知道學生的根性如何，不知道其業障、業力如何，不知道其德行如何，在這種狀態下是不可能傳授真東西的。如果貿然傳了真東西，所學之人不一定成佛、成菩薩，有可能成了魔。所以師徒之間，一定得經過師父對弟子各種方法的不斷考驗，因為傳法很簡單，真

正認清一個人則是很難的，一旦師父所傳非人，那這位師父就罪孽深重，他也會連帶跟著受業報。

其實，自古以來很多師父之所以不得善終，甚至有些活得都很痛苦，就是因為所傳非人。把如此重要、如此秘密、真正的法不當回事，隨便傳給別人，那這個師父本身就會受業報，而且業報是很重的。所以，任何真正掌握這些方法的明師，一定不會輕易的傳。而且明師如果要考驗弟子，也不是一天兩天，不是一年兩年，哪怕把弟子都考驗老了，哪怕在弟子閉眼睛的最後一刻，把這些理、這些方法教給他，當下立刻他就會覺醒。何謂老？幾十年，對普通人來講好像是從生到死非常的漫長，而且有盡頭。而對真正懂法的人來講，根本不算什麼，電光火石一瞬而已！首先還是得真正經受得住這種考驗才行。

顯學的理怎麼講都沒問題，講通、講透都沒有問題，而且對任何人都可以講。顯與密、禪與密，都一定是相輔相成的陰陽兩面，缺一不可。所以，在此我們講經說法只能講顯學的部分，而這一部分重不重要呢？當然非常的重要。理不通，教授了方法也會走上邪路，就成魔了。所以理必須要通達。我講解《六祖壇經》講得很慢，有時解讀一句話用很長的篇幅，為什麼？就是想儘量把理給大家講

通透，用現代人能夠聽懂、理解、領悟的語言，多用一些比喻，儘量講通。大家自己看《六祖壇經》，字都認識，但理其實並不知道，自己根本就悟不出來。沒有明師點化，只認識字沒有用，根本不知道字表述的是什麼理。

後面六祖接著講道「一真一切真」，一個是「一」，一個是「真」，然後是「一切」，又是「真」。一即不二，一即是整體，整體就是不分離、不分裂，分裂就二了，二從一來。真即真相，真相源自於一。真相就是一，一就是真相。因此，一切就是一，就是真，真相只有一個，我們前面所講的就是真相。

「真性自用」，何為真性？真性的根本就是一，不是二，只要到二了就假了。為什麼？一的時候是實體、是實相，二就變幻出萬千世界，就是虛幻的、虛妄的，所有虛妄都是由二而來。二即陰陽，宇宙當中的萬有、人事物全都是由陰陽粒子和合而成，即因緣際會，由於陰陽粒子不同的排列和合而成。宇宙萬物、任何的事物，都是由最基本的、不同屬性的、兩種陰陽粒子，不同排列和合而成。

所以，一到二的時候，就會產生三，三就是物。由無極生太極開始，即為「道生一，一生二，二生三，三生萬物」，有了二就有三，三即是二的不同排列組合所生成的

萬有。萬有就是假，就是虛、妄。為何萬有是虛假？萬有的本質就是陰陽粒子不同排列組合形成的萬事萬物，如果將其打散，不斷分解、分解，其實就是一片陰陽粒子。然而，那是有嗎？那是真嗎？不，都是影子而已。這就是規律，即「道生一，一生二，二生三，三生萬物」之規律。我們學佛法就要往回推，看到萬有其實是虛的、妄的，是不存在的，是影子，是我妄想出來的。我認為有，即是妄；我覺得是真，即是妄，都是妄想來的，其實根本沒有、不存在，只是陰陽粒子，沒有任何意義。

比如一座房子，本身沒有任何意義，就是陰陽粒子不同的排列組合、堆砌而成。但是由於我住進來，把房子當成了道場，當成講學的書院，房子才有意義。這個意義是怎麼來的？是我賦予的，我賦予的即是我妄想出來的。我妄想這裡是我教書的地方，這就是一座書院，這就是房子的意義；同樣的空間，我當成倉庫堆放雜物，房子的意義就是堆放雜物的倉庫。同樣的空間沒變，但是其功用、其意義隨著我的妄想轉變、變化。

所以什麼是真，什麼是假？認了假，識了假，才能歸真，一切都不離那個真。因為是假，所以房子的意義是隨著我的妄想而被賦予的。那人的意義呢？人存在的意義其

實也是一樣，事存在的意義也是一樣。剛才我所說的房子是物，所以物存在的意義也是一樣。那人生的意義到底是什麼？又存在於哪裡？其實都是賦予，都是虛的、妄的。我們要知道，這就是本質，即是真。清楚了真，就知道自己能不能改變，只要不是客觀存在的，我就能改變。人事物，包括人生，存在的意義就是虛的，就是妄的，都是妄想而來的，即是賦予而來的，那我就轉變賦予的意義，轉變我的賦予，其意義就變了。

因此，知道「一」才是實相，我就能掌握和左右「二」。世界就是由二創造生成的，所以一真一切真，不識實相，看到二就不知道是虛像。不知真就不知假，因為是假、因為是虛、因為是妄，所以我才能改變世界。如何改變？我的心一變，我的世界就變了。這個世界是我的心投射出來的，是虛的。這個世界的意義是我的心賦予的，我心中產生了意識、產生了妄想，就會賦予心投射出來的所謂客觀現實以意義。所有的存在都是中性的，所有的人是中性的，財富是中性的，情感是中性的，一切都是中性的。

一切本身是沒有意義的，所有的意義都是我賦予的，我心中有蓮花，看這個世界即處處皆蓮花。而同樣在這個世界，如果心中有地獄、衝突、暴力，那麼看到的世界就

是五濁惡世。佛和凡夫同在一個世界中，佛眼看到的世界就是清淨的蓮花世界，凡夫看到的世界就是五濁惡世，充滿暴力、衝突。世界沒有不同，就是那一個世界，所不同的是我的意識發出來的妄想。所以我們要改變，要改變我的命運、改變我的世界，我們要當我的世界的造物主，我們要革命，革誰的命？是革舊社會的命，革過往歷史階段的命嗎？錯了，那樣就是在向外去尋找、向外去求。我們唯一要革的就是自己的命，自己在自己心裡革了命，自己的心變了，整個世界的人事物就全變了。

這是一個從凡夫、迷人，到佛、如來的修煉過程。這就是「一真一切真」這句話的真正含義。

第三節

內外無別修心為本
明師指路勇敢面對

「心量大事，不行小道」，我們講了這麼多，其實就是在講這句話。最大的事就是要覺醒，要成為自己以及自己宇宙世界的救世主，要讓自己圓滿，這就是最大的事，也就是圓滿成佛。那麼，這一大事如何修行？就是從心地上起修，也只有從心地上起修。

所有不在心地上起修的都是外道、小道。那麼心量大事以外的小道到底有多少種修行，有多少條道呢？比如，我們要修凡夫的境界，就得修世間，要掙錢就得拼命的做計畫，要幸福就去拼命的追求漂亮溫柔的女孩子，這些就是凡夫的境界。凡、外、權、小，四個境界叫做小道。凡夫的境界、外道的境界、權宜的境界、小乘的境界，這四個境界是在心量大事以外的，即修心以外的四種境界，就是小道。

所謂凡夫的境界、外道的境界，經常會說有些人修行的是外道，即離心之道。比如修小神通，在身體上起修，修各種氣功、各種觀想，在身體上不斷做功夫，這就是外

道。好像在修行，但離心之道即是外道。

權是菩薩道。菩薩道中既有真實的菩薩道，即真諦；也有權諦，即菩薩為了救度眾生，也有方便接引的方法，然而方便接引的方法不究竟，因此就稱為權諦，也叫做權道，是一種權宜之計。權諦的意思就是，為了接引眾生，直接說「心」，眾生聽不懂、也不想聽，那好吧，既然他貪戀神通，就教他一點神通，把他吸引進來，這就是方便的接引法門，但是並不究竟，所以稱之為權，即權諦、權道。

小道即是小乘的境界，就是修自己。大乘的境界就是菩薩道，是修眾生、度眾生。小乘境界修自己，但是這修的不是心。那修心之道是否修自己？當然。修心之道是既修自己又修眾生，既修內又修外，內外無別才是修心之道。為什麼？外即是心的投射，修外即是修內，觀察外即是觀察我的心，然後改變我的心，再去觀察外面境界的變化，這叫做相應。所以，真正的大道、修心之道、菩薩道，我們也稱為解行相應。解就是對理的通透，行就是對密法的領悟以及應用，相應即是相輔相成，這就是修心之道。

內外無別，以修心為本。所以五祖弘忍對六祖惠能以及眾弟子們講：「不識本心，學法無益。」同樣就是這個意思，如果不知道這顆心，不知道本心、真性，也不知道

怎麼用，不知道宇宙的一切都是唯心所造、都是心造的，教你們再多密傳的手段和方法都沒有用，反而會害了你們，其實就是這個道理。這一品就是在不斷著重的講般若，即大智慧是怎麼回事？不斷反覆透過經典告訴我們，從不同的角度告訴我們，這個最深的理是怎麼回事。

「口莫終日說空，心中不修此行」，又開始講千萬不要口中說空，心不修行。這一品也在不斷講口中說空、心不修行，口吐善言、心無善意。不管如何天天在說、在念，即「口莫終日說空」，無論是念佛，還是念《金剛經》，口念心不行是沒有意義的！基本上凡人都是這樣，為什麼會口念心不行？有幾種情況，最普遍的一種情況，就是只知道顯學之理，沒有師父密傳的方法。其實大家都知道口念心不行是不好的，有誰總想去講大道理呢？但是沒辦法，道理很簡單就能得到，但是否究竟不知道，直接引用書上的話，起碼顯得自己很是高大上。為什麼會出現這種現象？就是因為沒有明師指路，只知道背經典，從字面上解讀經典中的語句，雖然背得滾瓜爛熟，但這就是「口莫終日說空」。

為什麼說空？空超越於善，已經不僅是口吐善言了，口中天天說空時，顯得境界很高，講的都是空性之理，而

空性之理是最高的理，是菩薩道的理，如此顯得自己很有學問，顯得自己是在修行。所以，開口就說《金剛經》的般若智，開口即是如如不動，就在講如何能夠修到如如不動，開口即是物隨心轉、心不隨境轉，開口全都是這些。而「心中不修此行」，是絕大多數人根本不知道怎麼行，不知道心中如何修，也就是因為未遇明師。

佛教歷史上有幾位明師？真正有究竟的智慧、真正能夠大徹大悟、能夠得到佛菩薩真諦的人，有幾位？在中土大地，達摩從西域將這套佛法傳過來，傳給二祖慧可，傳到六祖惠能，才能傳幾個人？達摩是初祖，到六祖才六個人。六祖之後就沒有傳人了，以後一花開五葉，開了五宗七脈，但又有哪一個徹悟了？最後不都落入野狐禪，或者落到空口禪了，都只是講理，不知如何修了。

所以，真正能遇到明師，太不容易了，那得有多大的德行、多大的造化、多大的緣分。絕大多數的修行者是遇不到明師，因此理也講不透，術、即教的方法更是沒有。對理徹悟，對術和方法深刻的領悟，這才是明師。歷史上，明師根本就沒有幾位，那怎麼修？所以實在沒辦法，絕大多數人只能天天念《金剛經》，天天念各種佛經、儒學經典、道法經典。

第二種情況是，遇到了明師但不敢面對，不敢面對明師教他的方法。因為明師教的、真正的方法一定是入心之法，而入心之法是要真正改變自己的內心，那是非常恐懼的。改變自己的內心，就要改變自己的模式，改變自己的思維模式，改變自己看世界、看人的角度，改變自己的行為模式。那可真的不簡單！改變就意味著放棄！大家都希望放棄不好的，但是一旦心有改變，放棄的可不僅僅是所謂的不好，而現在貪戀的所謂的好，很可能也得變。而且改變到什麼狀態、什麼境界都不知道，那是一種極度的恐懼。

　　所以，99.999% 的人，未遇明師時不知如何修行，只能在口上修，不知道如何行；而那 0.001%、有福報、有緣分、有德行的人，遇到了明師，明師也真教他，但卻鼓不起大勇氣，不敢改變、不敢面對。

　　就像《金剛經》和《大悲咒》這一經一咒，自唐朝一直到現在一千多年，在中土一直是最靈驗的。不管信不信佛，無論是否研究佛法，只是念《金剛經》、念《大悲咒》，都有無數靈驗的事件，所以人盡皆知最靈驗的就是一經一咒。但是，越是說《金剛經》靈驗，越是說《大悲咒》的威力廣大，說得越詳細、越好用，有的人就越害怕。讓他背誦《大悲咒》，告訴他只需背誦煩惱就能解除，很多人

根本就不敢背，也根本就不去背，或者背了幾個月還背不下來，甚至背了就忘，忘了再背，一年也沒能背下來。

正常狀態下，人真的想背誦，《大悲咒》一共八十四句並不長，專心背誦十天以內肯定就能背下來。那為什麼有人一年都背不下來？我們發現了一個規律，就是背不下來的是真信。這並不是說背下來的就不信，而是說背不下來的人，是真的相信如果能背誦《大悲咒》了、真正修《大悲咒》了，真的會改變，所以越信反而越怕。真變了怎麼辦？真的心想事成了，真的想什麼就有什麼，那太恐懼了！所以，就覺得總是背不下來，背下來時就可以說沒有用、沒有效果，心就安了。然後，嘴上天天說著要跟隨明師修行，明師告訴他，想修行可以，先背誦《大悲咒》，然後還是一年也背不下來。其實就是不敢面對，這就是第二種人，遇到明師卻不敢面對、恐懼害怕。

修心之道是真功夫！就像所謂學武功，看了武俠小說以後，年輕人都想成為武林高手，都想碰到諸如風清揚這樣的師父，發誓、發願上華山去找風清揚。但是，當真的碰到風清揚了，真要教他真正的武功時，卻不敢學了。反而面對市面上、公園裡的太極拳、八卦掌、形意拳、大成拳之類，學起來特別來勁、特別用功。這是為什麼？為什麼碰到真正的風清揚反而害怕逃跑了呢？正是因為風清揚

教的是真功夫。那真功夫到底是什麼？真功夫沒那麼多花架子，直接就是教一招制敵的殺人秘技。

所謂武功是幹什麼用的？武功不是體操表演，武功真正的含義就是殺人的招數，一招斃敵才是真正的武功。風清揚給你一把劍，教你把對面一頭牛殺掉，你用什麼方法殺？

你說：「風清揚是明師，得教我武功套路，得教我獨孤九劍，現在還沒教呢！」

好，現在就教你獨孤九劍，去把牛殺了，你下得了手嗎？對面又來了一隻狗，把狗殺了，你能行嗎？真正的武功學什麼？是學優美的姿勢嗎？那是表演，哪是武功啊！一步一步的教，最後就是把敵人殺了。

這時你說：「我怎麼能殺人呢！」

你學習真正的武功幹什麼？不就是斃敵殺人嗎？而此時你就開始糾結，「我為什麼要殺人呢？」其實，你根本就不知道自己為什麼要學武功，就是湊熱鬧。

多少人學佛也都是學熱鬧，不知道自己真正要做什麼、學佛到底學什麼，全都不知道。只是覺得學佛好，學佛是不是能掙很多錢？財富觀一旦破了，是不是黃金萬兩

就來了？美女也來了，甚至就能圓滿了？你想的是錯的。真正學佛是得很多財富，當很大的官嗎？真正學佛是讓你出離，這是你真正想要的嗎？是讓你遠離美女帥哥、遠離富和貴，有一顆出離之心。學佛，然後成佛，不貪戀世間萬物，不貪戀世間的名聞利養，這才是佛法。

想要黃金萬兩發大財，想得富貴當大官，想要美女帥哥，想達到現實中的圓滿，那你不能學佛，而得學儒。儒學教的才是世間的圓滿法，佛教的是出世間的圓滿法，不要搞錯了。所以，要學武功得知道到底想學什麼樣的武功，如果要學表演的，讓人到舞台現場看你英姿颯爽，舞起來、翻跟頭，一套拳打出去大家都喝彩，想要這種名和利，那就去學市面上的太極拳，那可不能跟風清揚去學。因為風清揚教的是殺人秘技，是真正的武功，這必須得清楚。

為什麼有人學佛，堅持不懈的學，最後學成了「終日說空，心中不行」，現在就可以理解了。這兩種人基本就涵蓋了所有。

有緣遇到明師，又有勇氣真正去修心的，歷史上就沒有幾個人。所以《金剛經》中佛祖就說，如果聽聞《金剛經》後，知道了空性，知道了真相，知道真實的修行到底是什麼，又能不驚、不怖、不畏，那就是世間的人中第一，太

值得敬佩了！絕大多數人念《金剛經》根本看不懂，只是念著歡喜，不知道在說什麼。就好像嚮往武功，卻不知道真正的武功是幹什麼用的，不知道真正的武功應該怎麼練，當知道的那一天就會被嚇死，那種恐懼由心底而生。殺狗、殺雞都不敢，而真正的武功是怎麼練的？是見什麼殺什麼。

有人說：「現在是法治社會啦！」

所以，現在武功沒有了，學了武功也沒法用，就沒有意義了。然而，即使允許殺，你能殺嗎？敢殺嗎？想殺嗎？其實就是這個道理，現在還有幾個人敢殺雞？殺隻狗更是心疼的了不得，就會想這麼可愛的狗為什麼要殺了？想得可多了！那殺頭狼試試？有人說自己是動物保護主義者，不能殺動物。那為什麼學武功？學武功最終的意義是兩軍對壘取對方上將首級，如果連普通敵人都不敢殺，就能直接去殺上將？下得了手嗎？不可能！

要經歷不斷的殺，發現突然殺不過對方了，差點被人家殺了，這時候你發現自己招數不對，這劍法不夠用，為何總是殺不到位呢？刺了很多劍也刺不死。此時風清揚才會真正教你如何一擊斃命，但是首先你得敢殺，你得想殺，然後才能教你一擊斃命的殺招，那是真正的武功。正如令狐沖學會獨孤九劍之後，出劍一招致命、劍劍封喉，那是

建立在勇氣的基礎上，在克服恐懼的基礎上。你能嗎？

佛法可比武功高多了，學武功都那麼怕，那憑什麼學佛法？你真敢學、真敢練嗎？所以，絕大多數修佛的人，最後都淪落成口中終日說空，心中不修此行！然後就是「恰似凡人，自稱國王，終不可得。」

「我是武功天下第一！」天天在公園裡練太極拳，越練自己越膨脹，最後感覺了不得，認為自己就是天下第一的武功高手，還收了很多徒弟，結果碰到散打、拳擊、自由搏擊，被人一拳打在臉上就倒地不起了。那就是國王的新衣被人扒下來了，根本沒穿衣服，自己還覺得穿了一身國王的新衣。這一類人都是「恰似凡人，自稱國王」，四處炫耀自己修行多麼到位、多麼厲害。

逢人便開始說：「你得行善，你得吃素，不吃素不能成佛。你得修佛，人生是迷，不能只當個凡人。我們都是為了救度眾生，得拔眾生之苦……」

天天扯這些，顯得自己多麼高大上。走到哪兒都背著一個鍋，一點油腥都不能沾、不敢沾，每次吃飯都是清水煮白菜，鹽都不敢放，這是修行嗎？這就叫自以為是。

一桌飯菜，坐下以後有人問：「這位老師，您怎麼不吃呢？」

大師說：「我吃素。你們吃吧，我隨便吃點兒菜就行了。」

大家交口稱讚，「哎呀！這老師真高尚，戒律森嚴！」

其實都是胡扯！這種就是六祖惠能所說的「終日說空」，好像是修行人，其實修的根本不是心，他的心一點都不敢改變。一口肉都不敢吃，正常的男女關係都不敢有，還妄談修佛，修什麼佛？還想解脫，如何解脫？天天持著戒律就當自己是修行人？以修行人自詡，就是「恰似凡人，自稱國王」，最後「終不可得」，就只修了一張嘴皮子。

所以六祖惠能說「非吾弟子」，即我教的弟子不是這樣的人。六祖惠能就相當於風清揚，教的都是真功夫，即是實實在在修心的功夫，真正修心的才是他的弟子。但是，六祖惠能講經說法幾十年，最後也沒教出一個得道的、傳承衣缽、得其真諦的弟子。為何衣缽傳不下去了？並不是衣缽不能再傳了，而是傳到六祖惠能那裡就斷了。為什麼斷了？衣缽哪兒去了？既不能所傳非人，又不知衣缽應該傳給誰，沒有人能接得住衣缽了！所謂五宗七脈，為什麼現在全都淪落了？因為當時就沒有一個人真正得了六祖的衣缽。那麼衣缽到底有沒有傳下去呢？當然傳下來了，只是我們不知道而已，其實就是從顯傳變成了密傳，秘密的

傳承下來，不能讓世人知道。

　　為什麼從達摩傳到六祖就能讓世人知道，而且廣為宣傳，六祖之後就不宣傳了呢？想一想中國的歷史，六祖惠能所在的時期正是大唐鼎盛的時候。漢唐時期宗教非常開放，宗教政策非常好，大家非常自由，進入大唐到了六祖惠能的時候更是達到了頂峰。而唐以後就進入宋，就開始重文輕武，輕武並不是僅僅輕視武將、有武功的人，而是開始對所有有真功夫、有道行的人，以及法門法脈，都處於忌憚打擊的狀態。

　　宋以後，不論文治武功、文化文明，還是宗教，其實都已經處於受打壓的狀態。尤其到了宋末元初的時候，所有掌握中華文明文化傳承，有真功夫的法門與傳承人，都被趕盡殺絕。元之後是明，明朝也沒有放開，而且朱元璋殺的更狠，對於這些掌握密法、真功夫的人更是忌憚。後來清朝又大興文字獄就更不必說了，直到民國稍微好一點，因為民國的無政府狀態，國家沒有完全統一反而好一點。新中國統一以後，又出現了文化大革命。

　　如此梳理下來，自唐往後，正宗、正法、正脈，真正所謂的傳承人如果顯露於外，怎麼過得了這一千年！六祖惠能到現在一千三百多年，宋開始到現在一千年左右，什

麼樣的法門、法脈能度過這麼多劫、這麼多難。所以，六祖惠能不傳衣缽，其實不是不傳，而是不顯傳衣缽。然而有沒有密傳呢？一定有密傳。經過千年的、秘密的地下傳承，想想得是多麼的不容易。

有人問：「老師，那衣缽有沒有可能再傳承出來？」

當然有可能。

「什麼時候能再傳出來？」

中華文明即將大興於世的時候，也就是天時地利人和俱全，因緣際會的時候，這一套正法、正脈一定會再次傳承出來。那就要看眾生的福報和緣分了。

我們修行，首先要清楚為什麼修行，要知道修佛法到底是怎麼回事，真相是什麼？不能只是聽說高大上就去修，或者認為修佛法的人都善，為了向善去修，那都是不可以的。這一段經典告訴我們很多的資訊，告訴我們何謂真修行、何謂真見地，六祖惠能要培養什麼樣的弟子？不是培養花拳繡腿的弟子，不是培養為了表演而表演的弟子，而是要培養有真功夫的弟子，要培養有一擊斃命的真功夫的弟子。我們就能知道，自己是否有福報、有緣分、有勇氣，來學習真正的禪！

第十章

念念不愚　常行智慧
念念說空　不識真空

第一節

一葉障目不見泰山
智慧神通一體兩面

其實，古時候的經典不像我們現在的文章，要分出章節、段落，在《六祖壇經》裡則稱之為品，這都是現代人分的。古時候經典並沒有這麼分，不分段落，甚至標點符號都沒有。對古文的理解，有時候標點符號點在不同的地方，理解的含義就完全不同。所有的標點符號都是現代以後才點的，現代開始我們給古人的古文做注解的時候，才使用了標點符號，才分了段落。

古人為什麼沒有標點符號，為什麼沒有段落呢？古人尋求的其實是整體性。我們現在是以一句話或者一段話，為一個完整的意思，而古人的經典是以每個字為一個整體。所以我們現在看經典、看文章，一句話或一段話呈現一個意思，而古人一個字即可呈現。對文章的理解，每個人都有不同，其實這是古人有意這樣做的。為什麼要這樣呢？經典絕不是所有人看到的都是統一的意思，那就不是經典，而是一個點，就不是線、不是面、不是一個整體了。

作為一個整體，一眼看見的時候，可能只看到其中的

某一個點。所有的人在看同一個整體的時候，都關注著自己的那一個點，所以所有人看同一個整體時，得出的意思、感悟出來的內涵是不一樣的，這就是整體的重要性。只有擁有智慧的人，才能拋開那一個點，看到線，看到面，最後一眼就能看到一個整體。

我們現在看任何事物的時候，拋開一個點最多能看到一個面。現在人的肉眼，看不到一個事物完整的整體，只能看到其中的一個面。這就是肉眼的功能，看前不看後、看上不看下、看左不看右，肉眼是有礙之眼。就好像有個屏風擋在前面，我就看不到屏風後面的東西；又比如一個物體在我的眼前，我只能看到前面這一面，而這個物體的背後我看不見；或者一個物體放在地上，我只能看到這個物體的上面，看不見物體蓋在下面的部分，這就叫做肉眼。

天眼則不同於肉眼，天眼能看到一個物體的各個面，既能看前又能看後，既能看左又能看右，既能看上又能看下。然而，天眼只是能看全一個東西，但看的是表面，所以還得有慧眼。慧眼一眼就能看到這個物體的裡面是什麼，即看到其本質是什麼。而法眼，看一眼我就能知道這個東西是怎麼來的，後面如何生滅，以及中間的過程都能看清楚。所以，五眼六通就是指，突破肉眼的障礙，就能進入

天眼的境界；突破天眼的障礙，就能進入慧眼的境界；突破慧眼的障礙，就能達到法眼的境界；突破了法眼的障礙，我們就能達到佛眼的境界。

佛眼即空而不空，整個萬有以及其中任何一個事物是怎麼來的，我都清楚知道。就像大海中的一滴水，宇宙中的任何一個人事物，都是萬事萬物大海中的一滴水，佛眼即是看到這滴水，就能看到整個大海；同時，看到、知道整個大海之後，大海當中的每一滴水，就全都知道其屬性、本質是什麼，這即是空而不空。

在此不斷的講智慧，講到五眼六通是大神通。而所謂的神通，既是大神通，其實又不是神通。為什麼？因為人人皆具備，每一個人既有肉眼，又有天眼、慧眼、法眼、佛眼。既然五眼六通人人具備，也就不能再稱之為神通。那我現在為何只有肉眼，沒有天眼、慧眼、法眼、佛眼呢？其實不是沒有，人人皆有，但是由於你的執著和妄想，把你的五眼都遮蔽了。

當你不想看世界的時候，連一個點都不想看的時候，肉眼都會失明。事實即是如此，當你根本不想看到事物的本質，不想看到事物的發展過程的時候，你的慧眼就關閉了、被遮蔽了，其實慧眼還在，只是一葉障目，不見泰山。

那麼大的泰山在面前，只用一片小樹葉把你的眼睛遮住，你就看不見了。但是你有沒有看見泰山的功能呢？當然有，每個人都有，所以這不能稱之為神通。所謂神通不是練出來的，而是對事物真實狀態的感知，只要把恐懼心去掉，能夠真正面對，五眼自然就開了。

有人自稱為師，帶人修天眼，讓人隨他打坐，意守丹田，小周天運行，松果體激活，上丹田能量充足以後就打開了天眼。其實這些都是騙人的。

有人疑問，「老師，怎麼會是騙人呢？自古以來經典中不都這樣記載嗎？」

事實上，經典有真有假，尤其是道家流傳的經典，沒有幾部是真的。都在告訴大家意守丹田，大小周天，元嬰出竅等等。按照這種經典記載修練的，有誰練成了？最後都練壞了，因為根本就不是真傳。

修佛、修道，能不能修出神通？當然能。神通會呈現，但是神通絕不是練出來的。任何人說神通是練出來的，那都是不懂。而所有按照練神通的方法修練的人，最後都會練壞。

所以六祖在《六祖壇經》裡為我們專講智慧，而不講神通。有了智慧，大神通自然就呈現，是自然而然的，是

自性當中的一部分。陽光永遠都在，從來沒有消失過，不用去練，只需要把遮蔽的烏雲驅散，陽光自然就出來了。烏雲密佈，一點兒陽光都看不見，並不代表沒有陽光。所以現在的每個人，之所以沒有大神通，之所以看待任何人事物看不到本質、看不到整個發展過程，就是因為我們自心的業障。生生世世形成的各種障及恐懼，讓我們不敢見到一點陽光，感覺太刺眼了，害怕自己被光明融化。所以就躲在黑暗處、躲在陰暗處，這樣才覺得安全。然而，這樣就自己封閉了天眼、慧眼、法眼，甚至佛眼，只留下了肉眼。

因為你得生活，得在這個世上活，所以你只相信肉眼看到的一切，認為肉眼看到的一切就是真。其實不然，你的肉眼只能看到表面，甚至表面也看不全，看前就看不到後，看左就看不到右，看上就看不到下。一個立方體放在面前，你只能看到面前的一面，其他的五面都看不見，因為你只允許自己看到一面。那你能不能看到六面呢？能不能看到裡面的本質是什麼呢？能不能看到這個立方體從成形一直到其銷毀、消滅的整個過程呢？能。其實你本身就具備看其他五面，看裡面的本質，看形成及消滅過程的能力，都能看到，但是你自己不想看，或者不敢看。

所以，你本來的大智慧、圓滿智慧，被自己的恐懼心、

被自己的執著、被自己的妄想，把眼睛遮蔽了。恐懼也是從執著和妄想中來，當你有了執著和妄想的時候，執著是一片樹葉遮住了一隻眼睛，妄想又是一片樹葉遮住了另一隻眼睛，兩隻眼睛都被遮障，你就看不見事物的發生、發展過程以及本質、整體，智慧就消失了。

有人說：「我要有大神通，我要見到、要知道宇宙萬有的整個規律及其生滅，我做事就能不犯錯誤，就能做出正確的決策，命運就能掌握在我的手裡。」

是否能夠做到這些？首先要記住，神通不是練出來的，尤其不是在身體上練，並不是能量充足了，松果體激活打開了，你就能看透事物，就能看見一個物體的背面、下面、左右兩面，根本不是那麼一回事。神通本來都在，是因為智慧被遮蔽了，你才沒有了神通。你本來就有這些神通，只需把執著和妄想這兩片樹葉從眼前拿下來，就能看見泰山。

很多人天天都在求財富，財富在哪裡呢？其實財富就在你身邊。財富是什麼？就是你身邊一座高大的、巍峨的泰山，就在你身邊你卻四處尋覓，眼睛前面掛著執著和妄想兩片樹葉，遮住了你的雙眼，財富的泰山就在你眼前，你就是看不見、摸不到，所以你就是迷人。怎麼才能看到

泰山？就得恢復你的智慧。如何恢復智慧？就是放下你的執著與妄想。放下了，你的智慧就恢復了，你的眼睛自然就開了，其實眼睛本來開著，是你心中太多的雜念、顧慮和擔憂，遮蔽了雙眼，所以沒有智慧了，即是你的般若不在了。

六祖惠能講授《六祖壇經》、教我們禪、教我們佛法，從來不講神通，禪更不講究練神通。道家講究練神通，禪和儒都不講練神通，而講獲得智慧，有了智慧，自然神通就在。所有的儒學，所有的禪法、佛法，教我們的都是如何得到智慧，得到了也不是外來的，智慧本來就在，智慧和神通從來就沒有增加一分，也沒有減少一分，不在於你練了神通就增加，智慧就加強；你不練不修，智慧就減少，神通就少一點。只在於你是否更加執著、更加妄想，越執著、越妄想、越偏執，神通越小、智慧越少。

【善知識！何名般若？般若者，唐言智慧也。】此處又在講般若，這一品就叫做般若品。我們上一冊講解過了，般若即大智慧，為何在這裡又重新強調呢？因為修佛、修道、修儒，修的都是智慧，有了智慧即有神通，而且必須得有智慧才有真神通。

大家都對神通感興趣，對智慧不感興趣，只是修神通、

練神通，這叫做練小法。天天練神通，不明理不開智慧，天天想著在身體上起修，練出那種所謂的天眼通、陰陽眼、鬼眼等等，看似多麼厲害，就像透視機一樣，一眼就能透視人體，一眼就能看透人。真的修成這個樣子，你會非常非常的痛苦，你把每一個人都能看透明，剛開始時欣喜若狂，好像你掌握了特異功能，但其實你會痛苦死，再想回到看不見的狀態，都回不來了，就入魔了。那時，你就跟精神病差不多了。

所以，不可以在身體上修神通，我們僅需修智慧。修佛法修的是智慧，修儒學修的是智慧，修道法修的也是智慧。智慧越修我的心越通達、越廣大、越無滯。智慧有了，神通自然就有，而且必須得有智慧才有真正的神通，才有大神通，即無漏的神通、究竟的神通。神通必須從智慧中來，而且不是先有智慧，後有神通，是一有智慧即有神通，一有神通即有智慧，是一體兩面，不是按順序來的，而是一個整體的陰陽兩面，般若智慧就是陽的一面，神通即是陰的一面。

所以，六祖不斷強調般若智慧，不斷強調智慧的重要性。後面繼續告訴我們如何修般若，怎麼能讓我們的智慧再生發出來。不是練出來，不是修出來，而是生發出來。

念上修 般若行 斷離捨
識本心 智慧生 大神通

【一切處所，一切時中，念念不愚，常行智慧，即是般若行。】

前面一再講，修法不要口說心不行，迷人口說，智者心行。不是在口上修，不是在口上天天滔滔不絕的說智慧。那到底如何心行？這裡就開始教我們具體的方法。一切處所，指的是空間，在一切空間內；一切時中，指的是時間。就是我於任何時候，處在任何空間，在任何狀態下，「念念不愚，常行智慧」。「常」是不斷絕、是恆、是一直，不是經常、不是時不時，而是恆常不斷。常行智慧，即恆常不斷地處於智慧當中，處於這種狀態下「即是般若行」。這是行，而不僅是修，如此就是真正在修行。

修心在哪兒修？就是在念上修。「一切處所，一切時中，念念不愚，常行智慧」，即真正的修行是在心上行。心上如何行？即是從念上行。念是何意？念即今心，就是當下的心。那麼真正修念如何修？當下的心要做到不愚癡。常行智慧就是在講什麼狀態下會生出智慧。明白了這一點，

同時又知道如何修了，即是般若行，就是修大智慧，使大智慧生發出來。

此處就是在教我們修的方法，「念念不愚」。

有人說：「老師，這要求可是很高、很高了！」

即所謂，一切處所，在任何的空間中；一切時中，在任何的時間內；在任何的狀態下，我都能做到念念不愚。

很多人看到這句話以後，是怎麼修的呢？不起念。修成了一切時中，一切處所，念念不起。現在好多修禪的人在止念頭，我管住我的念頭，讓念不起，不起善念，不起惡念，也不起無記念。不善不惡，即是無記念。

佛法中有四種狀態稱為無記念的狀態，第一種叫悔，第二種叫睡，第三種叫尋，第四種叫伺。悔、睡、尋、伺，這四種念的狀態即是無記念。悔，這是善還是惡呢？後悔、懺悔，這種狀態不善不惡、可善可惡。我後悔了，我當時不應該害人，這叫做善悔；如果後悔，當時我也像大家一樣貪污受賄多好，我現在就有錢了，這叫做惡悔。所以，悔是可善可惡、無善無惡。睡，我貪睡，睡著了，這是善還是惡？也不能說善惡。尋，是我向內去找，那找什麼？也可能找善，也可能找惡。伺，是指期待，向外去期待，這是善還是惡呢？也是善惡都有可能。

念有善、惡、無記，那何為念念不愚？現在所謂的修行人都在修止念，就覺著念頭不起、念不生發，保持一種空、一種定的狀態，維持住這種狀態，智慧就會生出來了。為什麼？因為當我入定到一定深度以後，就會突然之間大徹大悟，然後智慧就來了。然而六祖惠能在《六祖壇經》中一再強調，千萬不要這樣去修。念念不愚絕不等於念念不起，這是兩個概念。

　　念一定是有的，無論善念、惡念、無記念，一定有念。有念不是問題，而止念就是認為有念頭是問題。一定不能止念，要真的按止念修，就會修瘋，後果非常嚴重，很容易走火入魔，就與世事格格不入，會修成什麼狀態？最低層次就會形成一種癡呆的狀態。癡就是迷戀，迷戀於這種念頭不起的狀態；呆，外在的表現給人感覺就是呆滯、不靈活，融入不了現實、融入不了社會、融入不了人群。

　　為什麼會這樣？練一段時間你就知道了，天天善念不起、惡念不起、無記念也不起，念頭一起就止住。有一種修法，念頭一起馬上「吓」的一聲猛然截斷，天天的修行就是不論善念惡念，只要起念就「吓」的截斷，讓自己無念，這叫做止念。然後以這種方式修定，後面定到一定程度，突然腦中炸雷似的轟然一聲，好像一下就可以大徹大

悟，五眼六通就能具備了。千萬不要這樣修，如此修法你要是還沒修壞，那就說明你不用功，如果你堅韌不拔的這樣修，百分之百會修壞。

這也就是六祖惠能所講的空心靜坐，甚至還保持著一種姿勢，空心就是空念，也就是剛剛提到的止念，讓自己的念頭放空，千萬不要這樣去修。空心絕對不是得智慧的方法，那是走上了邪路。念念不愚也絕對不等於止念。所謂念念，即念是要通達的，我們修的是讓念更加通達，修的是無滯。何謂愚呢？愚即淤，就是堵了，愚一般和癡合在一起，稱為愚癡。癡又是什麼？是執著。而執著於一點的時候，就是愚了，就淤堵在那裡了。

就像一條河本來暢通無阻，河水川流不息，這是正常的狀態。那麼愚癡是什麼狀態呢？當我癡迷、執著於一點的時候，就相當於在川流不息的河水中突然生成了一塊巨大的石頭，河水從這裡就淤堵了，如果河裡有很多這種大石頭，就是我執著的點很多，一點一點的就逐漸把河流堵住了，這條河中的水流就不通暢了。河水代表的就是念，川流不息即是念念不息。

我們修的是什麼？為什麼修？因為生生世世以來，我這條河中淤積了很多的大石頭，使這條河水流不通暢、淤

堵了，就會出現各種問題，就形成現實中的各種煩惱、痛苦和障礙。現實中的所有障礙是從哪裡來的呢？我這條河中的大石頭投射到現實中就是我的障礙，又形成了現實中的煩惱與痛苦。那我如何修呢？就要把大石頭修走。修的過程中，你增加了什麼，又減少了什麼？其實本來沒有大石頭，由於執著與妄想生成了這些石頭，生成了其實也沒多任何東西；透過修行將石頭化解了，也沒有少任何東西。最後把所有的石頭都化解掉了，我的河流只是恢復到了以前的狀態。

所以，修的過程中，既沒有多一點，也沒有少一點，只是你的念頭念念通達了，你的障礙沒有了，你的智慧就出來了。其實智慧本來就在，是你自己將其局限了，就變成了無智，即是愚癡的狀態，我們就變成了迷人，什麼都看不透了。所以這裡的「念念不愚，常行智慧」，就是告訴我們要從念上開始起修，這才是真正開始從心上行。心上行即是從念上行。

有人問：「老師，要從念上開始起修，又不是止念，那我們應該怎麼修呢？」

六祖在這裡講了方法，就是「念念不愚」。愚即癡，癡即愚。癡是怎麼來的？即執著而來，而執著於一點時就

愚了，然後就形成妄想，每一個人都有無數的妄想。當有妄想的時候，河中就多了一塊大石頭；當又有一個執迷的點時，河中就又多了一塊石頭。生生世世以來，我的執迷和妄想有很多，我的智慧就這樣一點一點的被堵塞。看問題的時候就看不見整體了，那些大神通就不在了。

其實句句不離釋迦牟尼佛祖在菩提樹下的徹悟，修佛法最本質的就是要修掉執著與妄想。任何佛經，不管怎麼講，一定不能偏離這個本質。偏離了這個本質的一切都是凡、外、權、小之道，就不是佛道、不是正道。我們講《六祖壇經》，六祖的每一句話都切合這個本質。

此處還是在告訴我們，真正的修行如何修？就是從念上修。念念怎能做到不愚，如何能夠念念不執著、念念不妄想？過去的事放不下就是執著，對未來又想太多、擔憂、顧慮、期盼就是妄想。人生所有的痛苦，不外乎來自於兩大類，一是抑鬱，一是焦慮。抑鬱和焦慮是正反兩面，抑鬱是壓抑，焦慮是亢奮。我們人生所有身體上的病，一定都源自於這兩大類。要嘛因為抑鬱得病，要嘛由於焦慮得病。比如高血壓、失眠等，都是焦慮而來，亢奮引起我們身體的陽性症狀；而抑鬱使我們特別低沉、特別消極，就會引起我們身體裡陰性的一類症狀。而我們身體的症狀不

外乎就是陰性和陽性兩類。

抑鬱是怎麼引起的呢？執著引發抑鬱。抑鬱的本質就是對過去的事放不下，總會想著曾經失戀，自己被拋棄，多麼的痛苦；後悔當時如果不那麼決策、那樣抉擇，現在何至於如此痛苦！而焦慮則是，如果考不上清華、北大怎麼辦？考不上哈佛怎麼辦？如果面試沒通過，進不了這家公司，我後面的人生怎麼辦？要嘛是過去的事放不下，這是抑鬱；要嘛就是未來的事想太多、顧慮太多，這是焦慮。所以，我們要從本質上杜絕這些，佛法一再告訴我們，過去的事情已經發生了，就讓它過去吧，大雁已經飛過去了，你就別留戀影子了，別意圖把大雁的影子留住，飛過去就已經過去了。未來的事情別想太多，明年大雁還能回來嗎？不回來怎麼辦？如果回來了，我怎麼對待它呢？想得特別多！這些也要放下。

真正修佛法，怎麼能做到念念無滯呢？無滯就是不被堵住，不停滯在那裡；滯了才形成障礙。我們具體應該怎麼修呢？其實就是放下過去、放下未來，過去的事情已經過去，不去想了，對錯已經無所謂了，不去迷戀、留戀；未來的事情還沒發生，全是未知，都不知道也就不要想了。也就是做到把現在的心放在當下，感受當下的一切。

有人說：「老師，我現在很煩惱、很痛苦！」

煩惱和痛苦是怎麼來的？既然要先把心放在當下，那麼當下的狀態也要知道是怎麼來的？當下自有喜怒哀樂，即是有開心、有快樂、有煩惱、有痛苦。我們就是要修當下，要知道當下的狀態如何而來，為什麼開心，為什麼喜悅，為何會煩惱，為何會痛苦？其實也都是由於執著和妄想，引發了當下的狀態。

當下很悲哀，為什麼？因為昨天發生的事讓你很傷心、很痛苦，你忘不了昨天發生的事；前幾年發生的事也忘不了，一想就痛苦，心就悶得慌，所以當下就不開心。或者老公的一個眼神、一句話，對其他女人的一種狀態，立刻引發了你對未來的擔憂和恐懼，你當下就不開心了，當下就煩惱、就痛苦。

你總感覺：「老公不愛我了，他看別的女人眼睛都直了，還跟別人打情罵俏，他對別人好，對我不好，以後怎麼辦？他會不會把心思放在別人身上，不理我了！會不會跟我離婚……」

當下的一個狀態就引發你對未來無數的妄想，就導致你當下的恐懼、當下的情緒、當下的悲哀、當下的痛苦。

事實發現，我們在現實中的煩惱與痛苦，事情過去後，

就會發現都是沒有意義的，都是自己瞎想、亂想、亂擔憂、亂顧慮，搞得自己經常很不開心。但其實後面的事情根本不是按自己想的那樣發展，想的那些都是自己害怕的。所以，要修「念念不愚」，我們如何修？在心上怎麼修？心在哪兒都找不到，那怎麼修？其實，在心上要真正起修，就是從念上修，每一念即是當下心的投射，透過我們不斷的念頭呈現，我們心的狀態就呈現出來了。所以，我們就要修當下的心，即是念。

放下那種執著，放下那些妄想，具體怎麼放下能做到不愚呢？不愚即是有智，愚和智是一對，互為陰陽，互為表裡，互為內外。怎麼能做到智而不愚？就是放下執著，不去妄想，智自然就出來了，心自然就平了。

如何放下執著與妄想呢？其實我們又繞回來了，為什麼放不下過去的事，為什麼擔憂、焦慮未來的事，本質上還是因為在分別，還是從分別上來的。過去的美好放不下，總感覺曾經真是太美好了！過去的悲哀、過去的痛苦、過去的失敗也放不下，在心中形成了創傷，因為你覺得自己受傷害了。究竟怎麼受的傷害，誰傷害的？其實並不是別人的行為傷害了你。

有人不同意說：「老師，怎麼不是？我萬惡的前男友

跟我的閨密結婚了，把我拋棄了，就是萬惡的前男友、前閨密對我造成了極大的傷害。」

其實是你認為他們合起來傷害了你，對不起你，你放不下所以鬱鬱寡歡，然後總是處於那種受傷的狀態。其實並不是你的前男友和你的閨密傷害了你，也不是這種行為傷害了你，而是你自己傷害了自己。是你認為他們這種行為傷害了你，你認為自己是受害者，所以你才感覺受到傷害。

還是不理解，「老師，難道我不是受害者嗎？」

從某種意義上，某個角度來講，你是受害者。但是，可不是世界上所有被前男友拋棄的人，所有前男友跟自己閨密在一起的人，都覺得自己是受害者，都會被傷害，並不是這麼回事。有的人，被前男友拋棄了，前男友跟她的閨密組成家庭了，自己反而覺得很高興，後來遇到自己真正的白馬王子，回頭再一想，多虧前男友和閨密好了，甚至可能覺得多虧自己的閨密帶走了那個渣男，自己才能碰到現在的白馬王子，才能真正有這一生的幸福。

難道有的事情一定是傷害嗎？其實，任何事情本身都是中性的。同樣面對一個事情，有的人認為是被深深的傷害了，永遠都出不來；而同一事情發生在另一個人身上，人家就不覺得是傷害，反而覺得歡欣雀躍，認為發生這件

事情非常幸運。為什麼同樣一個事情發生在兩個人身上，會有兩種完全不同的感受和結局呢？其實都是分別來的，關鍵看怎麼定義。

前面講過，任何事情都是你賦予什麼意義，事情就是什麼意義。都是由於你的分別，導致了事情的發展結果被你定義為失敗，或者成功。其實，本身世上沒有什麼叫做失敗，也沒有什麼叫做成功，都是某一段時間內你賦予的定義，脫離了這個時段或者時間拉長，失敗也許就是未來成功的基礎；而所謂當下的成功，很可能就是未來失敗的根基、緣起。所以何謂失敗，何謂成功？都是你自己定義的，然後在失敗和成功之間，你的心跟著不斷的變換，這就是心隨境轉。

你覺得自己失敗了，痛苦啊！沒能嫁入豪門，這麼努力爭取，結果沒有娶你，反而娶了別人，你痛苦得不得了。但是三年以後，豪門崩塌，正的億萬資產變成負的億萬負債，從富翁變成負翁了，你就開始慶幸了，多虧當時沒有嫁入豪門，如果嫁入了現在還得跟他們一起還債，那得多麼拼命掙錢才能給豪門還債，多虧這嫁入豪門的機會被我的閨密搶了！由此可見，三年時間，開始為了沒能嫁入豪門，你覺著自己失敗了，痛苦了三年，結果三年以後，情

況一變，境界一變，你從失敗者、悲痛者一下變成慶幸開心的，反而覺得自己很明智、運氣真好，再看自己現在的老公多好，多虧當初沒能嫁入豪門。

同樣一件事引發了你的痛苦、悲傷，還是同樣的一件事又引發了你的開心、歡欣雀躍。與事情本身有關係嗎？其實沒有關係，都是你在下定義，你在賦予意義，這件事才有了意義。因此，我們就是每天在愚癡、執迷當中度過，我們是念念愚癡，不是有時候愚癡、有時候不愚癡。哪怕你有一瞬間不愚癡、能清明，那都很了不起。

我們常人、凡人是什麼狀態？就是念念愚癡、時時愚癡，無時無刻不在執著與妄想當中打轉，這個執著與妄想才是真正的紅塵。何謂紅塵？不是在現實中有家庭、有老公老婆、有孩子、有工作，就叫做紅塵；而一旦進入廟裡，就脫離紅塵了，在山上的山洞裡修行，就脫離紅塵了。不是的！紅塵跟你的身體、跟你的工作、跟你的家庭、跟你的狀態沒有關係，真正的紅塵就是執著與妄想。執著與妄想形成了滾滾紅塵，在山洞裡、在廟裡，還是放不下你的執著與妄想，那你還是在紅塵中。在現實中念念不愚，放下執著、放下妄想，不去分別、比較，如此修的就是出世間法。身在紅塵，心在山中，山即代表清淨，這才真正是

脫離紅塵。可以有家庭，也可以有工作，甚至可以當官，可以做大生意，但是心不在滾滾紅塵中，這是真正的修行。可以做到念念不愚癡，修的就是念念不愚，這樣才能做到如如不動，後面自然就定下來了，定下來自然就有智慧，自然就有大神通。天天如此修即是般若行。

　　那如何心行呢？我們在現實中都在做認為對的事，有個方法就是經常做一下錯的事。然而，這只是一個方法，我們不要太執著，不要絕對化。

　　有的同學說：「老師，您怎麼讓我們只做錯的事啊，那不是傻子嗎？」

　　如果只做錯的事，不還是執著於錯了嗎？反而執著的認為做錯的事就是對。所謂矯枉還需過正，是因為天天都想做對的事，就是覺著他們的行為傷害了自己，就是認為自己被傷害了、就是受害者，報復他們就是對，那不報復是不是就錯了？就是要從這種狀態中出來，讓自己覺得並沒有被傷害，他們的行為很正常，就是要逆過來去想這件事，就是不報復他們，就不把他們當成壞人、看作是害人，這樣不就能倒過來了，我們講的是這個意思。我們要從這方面去修，但並不是倒過來就一定對，也不是事事都要倒著來，而是可倒可不倒。

我們修行，就是要化解、修掉心中所謂的對錯觀。我們要知道修的是什麼？即我認為對的可不一定是對。我們為什麼會痛苦？大多數的痛苦，大多數人際關係的不協調、不和諧，都是來自於控制。何謂控制？控制什麼？這件事我認為這樣做是對的，我老公那麼做是不對的，我必須得糾正他，我又糾正不了，他還不聽我的，我還固執的認為我是對的，我就會很痛苦，就會鬱悶怎麼嫁給這樣一個愚癡的笨蛋老公呢？心中有頑固的觀念，即我認為這就是對，所以看老公做事總是看不慣，因為總覺得自己才是對的，而他是錯的，他處處都錯，錯了還不聽我的糾正，於是就痛苦，甚至不想跟他過了，後面由於分別就分裂，進而撕裂，兩個人就不在一起了，因為感情不合分開了。所有感情不合的人，一定是源自於他們的分別導致的分裂。而分別的源頭在哪兒？即我執，也就是執著於我是對的。

　　我們做計畫的時候也是，很難聽取不同的意見。為什麼？因為總覺著我是對的，我認為這麼做沒問題，一定是對的。當你說一個相反意見的時候，我還是認為我是對的，你就是錯的，然後你還在堅持，天天堅持說服我，跟我不能統一思想，我就得封殺你、開除你。不允許有不同的意見，結果後來事情、計畫的發展，沒有按照我認為對的方向去發展，我又給自己找各種理由。這就是凡人，念念都

153

在愚癡中，這就是我們煩惱與痛苦的根源。

　　那到底怎麼修呢？就是要從念念不愚開始起修。如何做到念念不愚？首先放下我執。執著分為兩種：一種是我執，一種是法執。我執是對內，我頑固的認為我是對的；法執是對外，外即萬有，我認為外面的世界、外面的一切，哪個是對、哪個是錯，哪個應該、哪個不應該，這稱為法執。一內一外，既執著於我，又執著於外。放不下這些，就是痛苦的根源。我們在人際關係中能放下嗎？我認為對的不一定是對，別人認為對的不一定是錯。一旦放下這些，人際關係立刻就會和諧、圓融。

　　兩個固執的人在一起，永遠都相處不好。何謂固執？就是我執很重的人。這樣兩個人最後一定是分離，在一起也是短暫的，一定有一方或者雙方都在忍，如果不把我執修掉，人際關係永遠都好不了。

　　有人疑問，「老師，這樣的話不就沒有是非了嗎？事實證明，這幾十年來我認為對的真就是對啊！按照我的方法去做，按照我的決策，我就把企業帶到了輝煌啊！家庭裡面全聽我的，我的孩子、我的老婆，所有都安排特別好。如果聽我老婆的那些決策絕對沒有今天，她的確都是錯的！」

這就是強烈的我執。我執很重的人，一定都在強調他的決策肯定是對的，一定會把對的那些都找出來。但是，如果不按照他說的去做，可能比現在更好，有沒有這種可能性？當然有可能。所以這就是根源。煩惱與痛苦來自於哪裡？來自於愚與癡。放下我執，放下妄想，就是在修智慧，把我們從愚和癡的狀態中脫離出來。想脫離出來，就要放下我以為。真正放下了我以為，一大半的障礙就化解了，其實我們都生活在我以為當中。

真正修佛法、修禪是在修什麼？從哪裡修？說是從心上修，其實就是從念上修。而從念上又是如何修的呢？就是《六祖壇經》這一段所告訴我們的，放下我執，再放下法執。放下妄想妄念，心立刻就清淨了。心一旦清淨了，智慧自然就現前，神通自然就出來了。

然而凡人念念愚癡，放不下！就是執著於我是對的，我的感覺就是對。結果我們的感覺基本上時時處處都是錯的。為什麼人生帶來了那麼多痛苦，那麼多煩惱？就是因為我們時時處處都是錯，但都是我以為是對的，我們就去做，才將我們真正帶到了痛苦的邊緣，卻迷途不知返。

所以修行開始就要從念上起修，首先修我認為的對不一定是對，從此開始起修。在行為上，當我真的認識到我

認為對的不一定是對的時候，那麼我做事就不一定按照我認為對的去選擇、去決策，如此就是打破固有的、我執的模式，就是真正的修禪。甚至有時候，偏偏是世人覺得不可為時，我就為了；有時候，世人都覺得有大利可以圖時，我就放棄了。沒有什麼理由，也不需要什麼理由。

所以，修放下執著，破我執法執，從哪裡破？得有斷離捨之心，是從斷離捨上來修，來破除我執與法執，也就是破除執著。能斷、能離、能捨，就不再痛苦。

有人馬上說：「那可不行，我這麼愛我老公，我可斷不了。什麼叫對？我生生世世就得跟他在一起，那就是對！讓我跟他斷，跟他離，那怎麼可能！我對孩子那種情感怎麼可能捨得掉，不可能！」

這就叫做癡，你的痛苦就源自於這裡。你就覺著我捨不掉、我斷不了、我離不開。你就覺著離開老公、離開孩子，就沒法活了。那是你覺著，所以這就是你痛苦的根源、煩惱的根源。

那又疑問了，「老師，我要修是不是就要跟我老公離啊？是不是就要跟孩子分開？是不是越不捨得，我越得分開啊？」

不是那麼回事。在心裡你得知道這是癡，你放不下世

間的這種感受、愛戀。你得知道有癡才有迷，才不清淨，斷不了、離不了、捨不了，你的心永遠都清淨不下來，你永遠都得在煩惱和痛苦中翻滾，也就是在紅塵當中滾來滾去。沒有斷離捨，修不到斷離捨，就有我執和法執，就放不下執著，越是執著，你就越被境界所牽引。你所放不下的老公就是你的境界，老公對你好，天天說愛你、永遠愛你，你就心花怒放、開心；老公哪一天工作有煩惱，看見你的時候不理了，你這顆心立刻就跌入谷底；老公與其他女人稍微有一點曖昧，你又立刻墜入了深淵，這就是境。你的心就隨著老公這個境，不斷的上下翻滾。如此就是心隨境轉，你就是個凡夫、是個迷人。

還是有人說：「老師，我真放不下啊！我老婆要真的離我而去，我老婆要是真沒了，我就不活了！」

其實這些都是你自己生成的癡迷狀態。現在說你不活了，那麼你沒認識你老婆之前呢？你是不是活得好好的？認識了以後你就覺得太好了，放不下了，就執著了，最後就癡迷了，之後一切的煩惱與痛苦都源自於此。

其實，這裡並不是說讓你真的和你的老公或老婆離開，真的跟你的孩子離開，而是說你的心裏要清淨，要看到現實中的狀態，你的煩惱和痛苦是怎麼來的。你的開心

與快樂，煩惱與痛苦，根在哪兒？這些都是苦，而苦的根在哪兒？心不斷的隨境轉，就是愚癡，從而導致了執著和妄想。

為什麼對孩子那麼嚴厲？怎麼會有些家長把孩子逼死了，逼得孩子跳樓了？就是因為妄想而來，對孩子的要求過高。但都覺得是對孩子好，覺著孩子就得教化，就得嚴厲，嚴師才能出高徒，養不教父之過。孩子如果考不上名牌大學，以後就沒出息，就找不到好工作，沒有好工作就找不到好伴侶，沒有好的伴侶就不可能有一個好孩子，那他這一生就毀了。然後，我的子子孫孫就全毀在他手裡了，所以我一定要逼他考上好大學。如此天天就在妄想當中逼孩子，把孩子逼死了然後就後悔。人生在世，其實都是這樣。要放下這些，在念上去修，讓自己清淨。

我們要生出斷離捨之心，能斷、能離、能捨，這需要勇氣。你越是能斷、能離、能捨，反而越能夠找回自我，你的老公或者老婆反而越離不開你。其實你的老公或老婆當時為什麼選擇你，就是因為看到了當時所呈現的真實的你，喜歡的是真實的你。但結婚多年以後，你變的不真實了，為什麼？因為你癡迷了，癡迷以後顧慮就多，顧慮多了恐懼就多，天天不斷的盯著老公，管著老婆，各種不順

心和矛盾就來了。你心中害怕，先是執著、癡迷，後來就是妄想，老公的一個行為，老婆的一個眼神、一句話，你就能妄想出以後會如何如何，你就開始擔心、開始恐懼，反而失去了自我。你天天這樣，因此老公不想跟你過了，反而就把老婆推出去了。現實中有太多這樣的事情了。

真正修禪、修佛法，最根本的是識自本心，找回自我。我不受外境所牽引，我就是我。識自本心，一切都是我，老公、老婆也是我的心投射出來的。並不是現實中我碰到了一個有緣的老公，然後我把他抓住，別的人都沒有他好，他是最好的。這樣就是執迷，進而形成愚和癡，就失去了自我，然後就墜落到紅塵當中，滾滾紅塵淹沒了你的自我，從此以後你再也不獨立了。獨立不是指你出去自己工作、自己掙錢，真正的獨立是指在內心當中不失自我，識自本心，才叫獨立。真正獨立的你才是最可貴的你，才是最真實的你。

如果你的老公或老婆不喜歡這個獨立的你、真實的你，那遠離就遠離唄。人家要的本就不是你，但你總覺得人家喜歡的是那個假的你、那個甘於奉迎的你、那個經常妥協的你，而那本身並不是你，你就是沒有自信，不敢把真實的自我表現出來、表露出來，因為你認為對方不喜歡

那個真實的你，認為對方喜歡的是偽裝的你，所以你天天在偽裝，天天帶著面具，痛苦不痛苦，累不累？這就是愚癡、墮落。你從天人墮落成凡人，又從凡人墮落成動物，從動物再墮落成餓鬼，從餓鬼墮落成地獄眾生，最後墮落成魔、成妖。

妖和魔都帶著恐怖的面具。為什麼？因為不是自己。越是大魔，可怕的魔，內心越脆弱。最強大的人是完全把自己呈現出來，我就是這樣。魔為什麼把自己偽裝的那麼恐怖呢？別人一看到，就會嚇得趕快躲開，為什麼？因為他有一個弱小的自己，躲在所謂強大、恐怖的面具背後，他怕別人發現自己，因為他覺得自己太弱小了。所以越是魔，越脆弱，越不堪一擊，越怕別人不害怕他自己，越怕真實的自我展現出來。

我們真正要學佛法，就要學習找到自心、識自本心、展露自我；就要先獨立，就得放下世間的貪嗔癡。如何放下貪嗔癡？就得有斷離捨之心，斷離捨需要勇氣，能斷離捨才能稱為獨立，才能找回自我，這是修行成菩薩、成佛的根本所在。自我都失去了，只是一味的奉迎你心中最重視的那一個人或者那一類人，你怎麼可能修成佛菩薩呢？所以，真正的起修處就是從這裡開始起修，而不是空心靜

坐、打坐入定，然後再求智慧，包括念佛念咒也都是外道。

怎樣才能真正越修越強大？強大而不張揚，強大而對人沒有壓力、沒有威脅，強大而別人又不怕你，那才是真正的強大，而不是外表的強大，這就是所謂內心的強大。修這些就是在修念念不愚，常行智慧。越是沉迷於我執、法執，越是不斷妄想的人，越愚癡，越墮落。其實修佛太簡單了，念念不離我不執著、不妄想，行、住、坐、臥都不離「念念不愚，常行智慧，即是般若行」。念念，即時時刻刻不間斷的做這種行為，這是真修行，這即是般若行。般若行的結果就是智慧生，智慧生了即為真清淨、大神通。從這兒起修、起練，此即佛法之正道。

第三節
有念即周流來則應去不留
煩惱即菩提第一義而不動

六祖後面接著講，【一念愚，即般若絕；一念智，即般若生。】

念念不愚，如此智慧就長存，一念愚了，般若就絕了。「一念愚」中的念，不僅僅指我們意識上的粗念，還包括細念及微細念。一念放下了我執，放下了妄想，哪怕只有一念清淨了，我們的智慧立刻就會顯露。

你天天盼望光明，在黑暗潮濕處渴望著光明，頭上黑黑重重的烏雲壓著你，一點光明都看不到，天天都在渴望著光明。然而，如何能夠見到光明？不是你到天上把烏雲打散、撥開。天上的雲來自於哪裡？都是你內心的投射。越是分別，越是執著，越是妄想，天上的雲就越厚。不要執著於如何把天上的雲撥開，應該返觀自己的內心，能夠放下你的分別，放下你的執著，放下你的妄想。一旦你有一瞬間，有一個念頭放下了，不分別、不執著、不妄想了，天上的雲立刻就會打開一條縫，陽光馬上就照到你的身上。哪怕有一念清淨，陽光就會照到你身上，智慧之光就會普

照大地。而分別心、執著心一旦起來，天上的雲立刻又合起來了。一念愚，立刻般若就絕了，智慧的光明你就見不到了；一念智，般若就生了，不是造出來的，而是本來就在那裡。

修行，怎麼能夠修到「念念不愚，常行智慧」的狀態呢？不是要止念或者絕念，念頭的生成是正常的、自然的，我不去分別我的念頭是善念、惡念還是無記念，有念即周流，沒有善、惡、無記之分，來了就應，去了不留，沒來也不想。我就從這一念一念中去修。

先從粗念、即意識念修起，先控制好粗念，形成一種慣性。粗念帶動細念，細念再帶動微細念。細念和微細念我感覺不到，那怎麼修？我只能修粗念，不斷轉動湖面的水，剛一開始轉的時候下面的水是不動的，但是不斷轉動湖面的水，以一個方向不斷的旋轉，時間長了就會帶動下面的水，最後湖底的水都會隨著這個方向轉動。這就是修的過程，從念上修。粗念先做到放下分別，不再分別，念念無滯，不執著，不妄想。

「我怎麼能想美女呢？不應該！」事實上，要放下的、要去掉的就是這個不應該，我為什麼不能想美女？因為覺得不道德、不高尚。那麼，這就是執著、妄想與分別。想

美女是正常的，想就想了，來了就應，想過了以後就不想了，去過不留。想美女本身沒有對錯，所謂對錯，這都是我們對其下的定義。我不去定義，不去附加意義，這就是所謂不於念上生念，不於境上生心。念來了就來了，沒有善、惡、無記之分，沒有滯，沒有愚，而我們現在的問題都是在念上生念。

不是想：「我怎麼能有這個念頭呢？」

就是想：「我這個想法挺好。」

或者想：「我為人民服務，我多麼偉大！」

這些都是於念上生念，然後就開始執著、妄想、癡迷。

如果跟老公一輩子在一起就開心，這即是念上生念。也就是說如果不跟老公一輩子在一起，那就不幸福，老公如果發生意外沒了，你也不能活了，這就是痛苦的根源。離開誰你一定活不了？離開這個老公，有沒有可能遇到一個更好的？事實是有可能的，但是你總覺得絕不可能，認為肯定沒有比他更好的了，所以你就痛苦。這就要修斷、離、捨，因為你失去了自我。

你就是認為：「老公沒了我也就沒了，我就不活了！」

你就這樣失去了自我，所以就得修，從斷離捨開始起

修。你癡迷於什麼，就得斷了什麼、離開什麼、捨掉什麼。不是在現實中你真的去斷離捨。現實中你最愛現在的老公或者老婆，但你要修斷離捨，就必須得分開、捨掉，不然就修不成了，這麼認為你就是傻子。誰讓你真的離開了？是你心裡要有斷離捨，才能破除癡迷，才能清淨。你越是清淨，越保持自我，反而你跟老公越親密、越好。

你跟老公或老婆能在一起多長時間，是否能一輩子在一起，不是你盯得越緊，你越珍惜，在一起越長久。不是的！兩個人能否在一起是緣決定的，得有緣。有的夫妻打鬧一輩子也斷不了，吵一輩子、恨一輩子、互相仇視一輩子，也斷不了，甚至下輩子還是吵，還是打，這就是緣沒斷；有的夫妻恩愛幾年，不想斷也得斷。所以，凡人要修智慧，我們很難放下。其實，恨容易放下，愛、癡才難放，我們對子孫都會形成我們的癡、形成我們的愛，能斷離捨嗎？能做到嗎？做不到你就沒有自己，沒有自己你就會在滾滾紅塵當中不斷的墮落。

地獄的眾生怎麼進入地獄的？為什麼無法自拔？是誰讓他進了地獄？都是自己進的地獄。然後誰能把他救度出來？只有他自己能救度自己。所有地獄的眾生一定都是我執極強、法執極強，不斷的妄想，特別的愚癡固執，因此才下了地獄。地獄眾生要想脫離地獄，要想自救，怎麼辦？

從哪裡修？就是從斷離捨。

　　貪嗔癡叫做三毒，三毒不斷的加強，使我們越墮落越深。如何能夠把三毒化成戒定慧？這是大修行，是真修行，這跟打坐有什麼關係？跟念佛有什麼關係？天天念佛，修的是小道，天天念佛是口念，心念了嗎？口中念佛心中行了嗎？阿彌陀佛告訴我們什麼？是讓我們念佛嗎？阿彌陀佛是讓我們向佛去學習，向阿彌陀佛去學，按照佛教給我們的方法去做。只是天天念佛能行嗎？

　　就好像我們天天上學，有個非常優秀的老師教我們知識，教我們道理。然後我也不知道老師教什麼，也不在乎他教什麼，只是天天叫張老師，天天一上學就念「張老師、張老師……」，或者天天念「張老師真好，張老師能教我知識，張老師能讓我考上名牌大學，張老師、張老師……」你這樣天天念老師，老師就能把你帶到名牌大學去嗎？老師教的東西你不去學，你不在乎，你如何能考上好大學？

　　所以，自身沒有任何改變，天天念阿彌陀佛有什麼用？這就是口念心不行，很多宗派的那些愚癡的修行人，認為天天只念一句佛號就能帶他解脫，一句佛號就能使他清淨。可不是那麼簡單，根本不是那麼回事！天天念佛號，很可能就念念陷入愚癡中，念念陷入我執中。越念佛號，

越是我執、越是固執。

就會覺著：「我是佛，我不得了，我是念佛的人，我都是對的，你們都是錯的……」

越念越癡，越念越執著。阿彌陀佛能把這樣的人帶向蓮花世界嗎？不可能。

真正的佛、真正的禪修的是什麼？度人自度。其實你度不了任何人，也沒有任何人能度得了你。你必須自己在心內起修，自己在心中行，這才是般若行。一念一念的修，起心動念有分別了，起心動念有執著了，起心動念有妄想了，放下的是這些。不是止念，不是絕念，而是讓念念通達無滯。念來即應，念去不留；不來不想，來了即應，過去的就讓它過去，沒來的也不要去想。就是修當下，活在當下，就是修當下這顆如如不動之心，心中無執著，心中無妄想，不分別了，你的心自然就不動了，而且那是心底不動，但在表面上喜怒哀樂，正常該有的都有。

哀不是發自內心深處，喜也不是發自內心深處。這就是六祖後面所講的，「能善分別諸法相」，我隨順眾生，該哭就哭、該樂就樂；但是「於第一義而不動」，第一義就是我最深的內心深處，那裡是如如不動。不以物喜，不以己悲，這是儒學的修行，其實跟佛法是一回事。只是佛

167

法修出世間，從出世間起修，斷離紅塵，斷離捨；儒學是從世間起修，但最後都是達到出世間的境界與狀態。佛法稱為成佛，儒學稱為成聖，道法稱為真人。何謂真人？首先是識自本心，找到自我，然後不斷昇華、清淨，就變成了真人，真人即是找到自我的人，能夠特立獨行於紅塵之中，不受外境沾染的人。那不就是佛嗎？不就是聖人嗎？佛道儒其實是一回事。

我們每一念即放下執著、放下妄想、放下分別；再一念，再放下；當我生起執著、妄想、分別之念的時候，就將其止住。怎麼止？即不於念上生念，不於境上生心，這是要練的。

現實中，我們其實不斷的處於這樣一種狀態，即外境一來，心就跟著動。

想的就多了，「誰說我不好了？」

領導在背後說一句你的不好，話傳到你的耳朵裡後，馬上你的心就跟著動，「這個領導看來不喜歡我，這樣我的晉級、我的工資都會有問題。如果裁員的話會不會就裁到我？我如果一旦被裁員了，我的房貸怎麼辦？我的老婆孩子怎麼養？我的孩子要出國，這個費用我怎麼付？」

你就開始煩惱，就開始痛苦，「這怎麼辦？我怎麼能

想辦法使這個領導對我的印象改觀呢？我應該怎麼做呢？」

不斷的於境上生心，念上加念，你的煩惱和痛苦就如此而來了。天天就在想這一件事，一個月還忘不了，一年也忘不了。其實，有可能領導很欣賞你，但中間傳話的人別有用心，故意給你傳錯話，這完全正常，結果就把你的整個工作、生活全都打亂了。

然後你繼續生心，「既然這個老闆不喜歡我，我在這兒也好不了，我還是走吧！」你就離開了這家企業。從此以後顛沛流離，你就放棄了一個好的平臺，就中了別人的奸計，現實中這樣的事情太多了。

為什麼領導對你的一句評價，就能掀起你心中這種驚濤駭浪，甚至你的命運都會被改變？就是因為你境上生了心，念上生了念，而且不斷的生、不斷的疊加，使得無中生有的風，從沒風變成了微風，又變成了大風，最後變成了颱風。其實，不是外面的領導真的對你起心動念了，真的想開除你了，真的對你不好了，風也許就是謠言，但是在你這裡就掀起了驚濤駭浪，變成了龍捲風，造成了一場災難。

但這是別人的問題嗎？是傳話的人、造謠的人的問題嗎？都不是。傳話、造謠之人也是為了自己的利益最大化，

在現實中、紅塵中比比皆是，問題是為什麼在你這兒就形成了一場災難。其實就是你自己的問題，是你境上生心，念上生念，無中生有，有了以後，小事化成大事，大事變成災難，跟別人沒有關係，都是你自己的問題。

你能否做到，「現實中我不管聽到什麼，哪怕颳起了颱風，領導劈頭蓋臉一頓責罵，我就是不動心，我就不於境上生心。」

只有這樣，你才有可能真的把一場颱風、狂風，本來應該有的一場災難，當下即化解掉，到了你的湖面時，風自然而然就沒了，這才是我們真正的修行，真正般若生。你能做到這一點嗎？能做到這一點，即是煩惱化成了菩提，現實生活中我們才能做到如如不動，我們的清淨心才會呈現，我們的智慧才會流露。

否則即是六祖所說的，【世人愚迷，不見般若，口說般若，心中常愚】。常愚就是不斷的境上生心，念上生念。然後在紅塵當中翻來滾去，越來越痛苦，越來越煩惱，越來越墮落。

我們修禪，不是去打坐念佛，不需要。何謂打坐？打坐不是指我們的身體端端正正的、兩腿雙盤一坐。《六祖壇經》後面六祖惠能還會給我們講何謂打坐、何謂禪定、

真正的大智慧如何而生。

　　其實，講來講去就是這點事，但是就是這點事真能講明白也不容易。為什麼？因為你聽不見，我講得再多你也聽不見。為什麼聽不見？因為你不認同。為什麼不認同呢？因為你心中還執著於你那個對。何謂心中執著於對呢？你認為老公就是好，就是不能離開老公，跟他在一起就是幸福，不在一起就是不幸福，這樣就是對，講什麼都沒有用，修什麼斷離捨啊，不可能！你就被癡情、癡愛深深的迷在其中了。我再講任何東西，其實你根本都聽不見。

　　你在紅塵當中翻滾、痛苦、煩惱，而佛菩薩永遠不會一把將你從紅塵中拉出來，絕不可能。

　　佛菩薩僅是給你講：「別再痛苦了，放下吧，修好斷離捨，找回自我，立刻就能獨立出來。」

　　獨立出來是什麼意思？就是心不隨境轉了。老公就是那個境，子孫就是那個境，立刻你就從這些境中獨立出來了。但是佛菩薩一再這麼喊，滾滾紅塵中打滾的人根本就聽不見。為什麼聽不見？因為放不下。為什麼放不下？因為好，貪戀這種好，所以放不下。就是在不斷的分別，最後為何痛苦？就是因為曾經你認為的好，突然有一天變成不好了，你就痛苦得要死。

我們要做到心中真的放下這個境，放下所謂的好，這是一種癡。而愛是什麼？愛就是一種癡，所以恨容易放下，愛不容易放。大多數時候都是越愛越癡，越癡越愛，因愛而成的恨才是最可怕的恨。恨是哪兒來的？沒有愛哪有恨？沒有在乎哪有恨？所以就在紅塵當中不斷的翻滾。這就是「世人愚迷，不見般若，口說般若，心中常愚。」天天都在念《金剛經》，天天念佛，天天打坐，但是心中常愚。

於是，【常自言我修般若，念念說空，不識真空。】何謂真空？這些情、這些愛、這些愁、這些恨、這些怨，真的有嗎？都是我心中生出來的，我定義的，我認為有才有的，因此叫做空中樓閣，而我又信以為真，就是所謂「不識真空」。只是念念說空，口說我要修般若、修智慧，我要放下分別、放下執著、放下妄想，然後天天都在不斷的執著、不斷的妄想，此即是口念心不行。

所以這一品就叫「般若品第二」，就是給我們講智慧是怎麼來的，具體怎麼修？當然，我講的很多內容已經涉及《六祖壇經》後面諸品，比如疑問品、定慧品、坐禪品等。而到底何為禪，何為定，何謂誓願，何謂戒定慧，《六祖壇經》在後面都會分門別類的講，但是不管怎麼講，最後都會切合一個主題，就是放下你的分別。如何修？即是

不於境上生心，不於念上生念，從這裡開始起修，從當下的念上開始起修，這就是修真正的般若智慧。般若智慧本來就在，不斷的這樣修，偶爾智慧之光就會突然照到心中，那時就能感受到什麼叫做智慧流露的狀態。

現在我們的狀態根本就感受不到任何一點智慧，想流也流不出來，為什麼？張口即是分別，張口即是對錯。每說一句話、講一堂課之前，都在想：「我一定要講對的，千萬別講錯了！講得不好怎麼辦？」所以事先不斷的做準備，越做準備越是境上生心，念上生念，離智慧越遠，反而大家越不願意聽。因為你流露出來的不是智慧，不是整體性的般若智慧，所以打不到人的內心深處。

我們學佛、學禪，就是要學放下。天天都在說放下，真的能放下嗎？其實根本放不下，所以稱為「世人愚迷，不見般若，口說般若，心中常愚」。老師不斷的講，你聽的欣喜若狂、十分歡喜，但是課一結束、書一合起，之後馬上就忘了，又回到了滾滾紅塵當中，又天天都在境上生心，念上生念，天天在對錯中翻滾，天天都是愚迷、愚癡，「念念說空，不識真空」。所以真正的修行不是把道理講得多麼明白，而是現實中起心動念，一念清淨，智慧就流出來了。因此，一定要在現實中去修、去行。

第十一章

解義離生滅　著境生滅起

離境無生滅　如水常流通

第一節

心生智慧是般若
止息觀照即明心

接下來是一首偈子，從《六祖壇經》來看，六祖惠能開法會基本上都是，就一個主題闡述了一定的觀點和修行方法之後，都會用一首偈子來做一個總結，再把前面闡述的主題和宗旨用偈子歸納一下，這就是經典的一種文體結構。

我們平時說話的時候，表述某一方面的觀點或者表達某種意思的時候，其實結構是非常重要的。說話要有條理、有節奏，而這都是經典教我們的無形的東西。說話要有重點，開頭就要切入主題，中間段落都是為了求證，也就是為了證實這個主題，列舉出一些證據，而這些證據也都有所出處，基本上都是大家一致認同、認可的經典原文，用作證據以證明我所闡述的論點的正確性，最後末尾的時候還要再切回主題，闡述一下所要表達的整體含義。因此，這就是一種表達的結構，尤其是在書面語言方面更是這樣。

【般若無形相，智慧心即是。若作如是解，即名般若智。何名波羅蜜？此是西國語，唐言到彼岸。解義離生滅，著境生滅起。如水有波浪，即名為此岸。離境無生滅，如

水常流通，即名為彼岸，故號波羅蜜。】六祖惠能用這首偈子，把前面所講的法又重新表述了一下。

【般若無形相，智慧心即是。】前面講了很多般若，般若即是智慧，但是並沒有一個成形的具體東西叫做般若。那般若到底存不存在？還是存在。究竟有還是沒有？不能說是有，也不能說是無。說有不對，因為看不見、摸不著，它是無形無相，即「般若無形相」；但要說它沒有，也不對，「智慧心即是」。心生智慧就是般若，心不生智慧就不是般若，智慧心也稱為明心。我們一直在講修禪，修禪就要明心見性，而明心就是這裡說的智慧心，其實就是般若。般若有口說般若，有般若行，我們每天於一切處所、一切時中都念念般若，如此我就能做到明心，明心了就能夠見性。

這裡就涉及到具體的修行方法了，即如何明心？其實明心還有一種說法，稱為念念自明其心，這個「明」不是指我明白有這麼一顆心，不僅僅是指識自本心，知道有這麼一顆心，這不是真正的明心，而只是明心之理，只是知道一切唯心所造，萬物、真空妙有皆是心所造，這是最淺層的明心。

其實，明心這兩個字就是修禪的方法。修禪沒有其他，就是在心地上下功夫。真正的修行是有一套方法的，而真

正修的這一套方法就叫做明心。那怎麼修？即念念自明其心、念念明了其心、念念明明白白其心。具體如何修？即是要不思善、不思惡，心中要放下分別，般若智才能出來。那麼，問題是如何在心中放下分別？我們前面講過，在念上修，即是念念通達。修這個念，一念愚，般若就絕了；一念智，般若就生了。

如何修念，念念修的是什麼，又是如何念念修這顆心？即念念明了其心，我得先知道這顆心。然後如何做到念念明了這顆心？就是心中念頭一起，馬上就清清楚楚知道自己起的是什麼念，這即是念念明了其心。這是修行、修禪的第一步，要明了這顆心，即從明心起修後面就能見性。見性即是神通廣大，各種大神通就出來了，究竟如何出來的？首先就是從明心處起修，後面神通就能出來。見性也就意味著智慧心生起，明了其心就明了萬事萬物的本質，就知道了一切的生老病死、悲歡離合、煩惱。

所以這裡所講的修行有幾個階段，念念明了其心，即明心，這是第一階段；明心以後，還要修止、修息、修觀、修照，即止息觀照。

有人不理解，問：「老師，修止、修息，止息是不是讓我們停止呼吸、不呼吸呀？是在呼吸上去修嗎？」

解義離生滅　著境生滅起　離境無生滅　如水常流通

不是那個意思。止是停止的意思；息也是靜下來的意思；觀是向內觀，不被外境所牽引，把心、把眼光、把知覺感受放回我的內心深處。觀什麼？即是觀我的念頭；止什麼？止我的分別。觀照念頭，就是我念念自明其心、念念明了其心，知道我的念頭，我的粗念、細念、微細念，念念都能做到明明了了。當知道自己起了什麼樣的念，那就開始修止，止即是放下分別、不分別。不管我生出何念，無論生出的是善念、惡念、無記念，我都不去分別。有就有了，來就來了，去了就不留，這叫做修止。

息即是息外緣，就是外面的各種人事物，都不能把我這顆向內觀的心牽引走，我不能隨著外境隨波逐流，我的心得定下來，定在念念明了自心這裡。我的心定了，所有的知覺感受不被外面所牽引，息住、息止靜，不被外緣牽引。無論外面風和日麗、狂風暴雨，無論外面的人詆毀我、污蔑我、誤會我、委屈我，還是外面的人捧我、奉迎我、供養我，我的心不為外緣所動，這就叫做息緣，即息止外緣。

我就把自己的知覺感受都放在念念明了自心上面，我要知覺、感受自己的念頭是什麼，即是念念，是不間斷的，不是斷斷續續的。並不是心一靜下來，就能觀察自己的念頭，就知道在想什麼，而心靜不下來的時候，眼睛就被外緣

牽引走了，就去看電影、看電視、看書、觀察人，這些都是外緣。五識被外緣所牽引，聽外面發出的聲音，嘗外面食物的味道，嗅外面不同的氣味，嗅到香味就開心、很喜歡，嗅到臭味就噁心、趕快遠離，這都是被外緣所牽引。

我們要把被外緣牽引的心收回來，收回到我對念的知覺感受中來，對念的知覺感受不是讓自己只出好念、善念，不是只修好念、善念。念念都明了，就是開始修止，不去分別好壞；然後修息，為了明心，要息外緣；再往後即是修觀、修照。觀又是什麼？觀字本義，強調猛禽無所不見的洞察力，因此觀不是指常人的眼睛看見了，肉眼看見叫做見或者現。那無所不見的觀，又是在哪裡見到呢？其實就是在心中見到了那些場景那些象，如此稱為觀。修觀，就好像我能看著念頭一樣，念頭有了形象，我看著這個念的象。照，即我只是看著它，觀而不起心曰照。照就是照鏡子，用鏡子去照山河大地、日月星辰、人事物，鏡子只是鏡子，在鏡中照出來的僅僅是倒影。鏡子可以把日月星辰、善人惡人都照到，但是鏡子本身不動心。

所以，我們又是在修一個觀、一個照。觀是向內看，照是如如不動，我是鏡子，不被外境吸引、不受外境迷惑。

我們之所以不會修，之所以沒有智慧生，之所以不知

道智慧心在哪裡，之所以是迷人，之所以不是悟者，就是因為我們都是心向外馳騁，念頭狂奔不止，心隨外境波動，被外境所迷，卻不知返觀內心。即使返觀內心，做的方法很多也都是錯的，做成了止念，把念頭本身當成了雜念；把念頭本身分別出善念、惡念，就要摒除惡念，只追求和嚮往善念，只允許自己發出善念，不允許自己發出所謂的惡念。如此修是大錯特錯，修的就不是般若行，越修越分別、越修越分裂、越修越迷惑、越修越痛苦，越修煩惱越多。

我們要修明心，修止息觀照，都是為了讓我們的般若智慧生起來，為了將我們帶向解脫的彼岸。

有人問：「老師，我們怎麼了？為什麼要解脫呢？」

前面講佛祖創佛法，他為什麼放棄了王子的榮華富貴、天人福報，為什麼走上那麼苦的修行之路，就是因為雖然他身處皇宮，享受著榮華富貴，但是他知道還有最根本的苦解決不了，就算是皇太子也解決不了。

什麼是最根本的苦？即是生老病死加煩惱。皇太子有沒有煩惱？當然有。他有沒有生，會不會死，有沒有病，會不會老？生老病死他都有。

生老病死加煩惱，不論是皇帝、太子，還是平民，所

有眾生都脫離不了，這就是所謂生死苦海。你是太子也得在生死苦海中煎熬、呼救、痛苦；你是平民百姓、動物、餓鬼，也都是在生死苦海中不斷的掙扎。所以，釋迦摩尼佛祖當太子的時候就看到了這一點，在皇宮中享受的天人福報不究竟，他要尋找究竟的解脫之道。所以佛祖歷經了千難萬險，最後終於大徹大悟，找到了這條道，而且傳給了我們。六祖惠能也是佛祖的弟子，他又將這一套佛法的智慧體系與中土眾生結緣，世代傳到了現在。

偈子說「般若無形相，智慧心即是」，既沒有形、又沒有相，到哪兒去找這個般若、這個所謂的智慧？其實哪兒也找不到，但是它又有，因為修行有階梯，修行本身還有秩序，還得按階段一步一步來。在這個秩序之前，必須得先明理，先清楚理是什麼，修行就不會走向邪路，方向才會是正確的。所以，智慧心的意思就是生出般若智慧。

要想見性、要想圓滿，就要從明心起修，這其實不簡單。我們就是迷人，平時並不清明，是睡著的。而佛是覺醒的，佛跟我們有本質上的區別。然而外形並沒有什麼區別，佛是人作的，我們也是人，我有七情六欲，佛一點兒也不少。那麼我們和佛有何本質的區別？為何我是睡著的，佛是醒著的？為何我是迷人，佛是悟者？首先佛是明心，

念念自明其心，念念明了自心，凡夫和佛根本上的區別就在於此。我們對自己的每一念都明了嗎？想一想心中生起何念，能明了嗎？我們只會隨念而動，但念是什麼卻根本不知道，生起何念也根本不知道。

有人解釋說：「老師，沒有不知道，我坐在這兒的時候，就在想以後的大願，想怎麼實現這個大願，想以後得富貴，怎麼傳播文化之類的。」

你這不叫念，而叫做妄想。

繼續解釋說：「老師，不是妄想，這是理想、是大願，我在勾畫以後怎麼傳播文化、怎麼傳播佛法、怎麼救苦救難。」

你放下吧！你還是覺得這些是對的，這不是念，就是妄想，你天天就在坐著妄想，充其量僅僅是粗念，而且是有針對性的粗念。你覺得天天想這些就是對的，就是在修行、在修佛。其實是錯的，根本不是修。

其實，你現在連粗念都感受不出來，根本就不知道粗念是如何生起的，生起的又是什麼粗念，更何況細念以及微細念。你根本就感知不到自己內心當中湧動的、潛意識裡發出的一切。只會時時刻刻被外境所牽，一個電話就把心牽走了，你在新加坡，北京來了通電話，一瞬間就把你

的心牽扯到了萬里之外的北京。當大家談論太陽的時候，你的心就在太陽上；談論火星的時候，你的心就在火星上；談論南極的時候，你的心就在南極。你的心時時刻刻被外境所牽。

為什麼說你是在夢中？我們覺得清醒的時候，好像知道自己在做什麼，在夢中就不清醒了，根本不知道自己在做夢，在夢中我就隨波逐流，隨著夢中的境喜怒哀樂，醒了以後發現出了一身冷汗，還自我安慰，沒關係就是個噩夢而已，是假的！那當時為何嚇成那個樣子呢！

真正是佛或者修行有成的人，時時刻刻都是清明的，即稱為覺者。清明的意思，不僅僅是外境能看透，外面的妙有能看透，最關鍵的是對自己內心的每一個念頭都能了了分明，即是明心。做到這一點容易嗎？說容易也容易，說難也非常難。怎麼能做到這一點？首先得把向外攀緣的心息住，息緣而不向外攀緣，僅此一點就不容易。醒著的時候，你的眼睛無時無刻不在看著外面的人事物，觀察外面人事物的變化，然後心就隨著眼在飛馳，一刻都沒法閒著。

首先要修明心，就得把向外攀緣的五識都修回來、止歇住，然後變成觀和照。向外攀緣之心收回，觀照我的念頭。觀照念頭要先修一個止，觀照出來念頭以後，不能去

分別，修止，即止住分別、止住判斷和推理，感受就是感受。從此起修，修成了即是明心。因此，真正修明心，就是止、息、觀、照，這就是修禪的方法。

最後要做到什麼程度，清醒的時候，時時觀照、念念自觀、念念自照、念念止息，甚至在睡夢中時，也都能做到明心，念念明明了了，都能觀照自心，止歇分別去觀照念頭，這才是真修行。要修行，這個階段都得經過，白天先把向外攀緣的心收回來，觀照自己的念頭，首先知道自己的念頭裡生出來的是什麼；修到一定程度以後，在睡夢中都能了了分明自己的念頭，在睡夢中都知道生成的每一個念頭是什麼，這就是真修行，即般若行，而且是真正的般若行。

般若行是修行大法，無形無相看似真空，實際上又有妙有。真空妙有，這就是修智慧心、修般若行。

「般若無形相，智慧心即是」，這一句話的含義，我們能解讀出很多對理的理解，也能解讀出很多修行的具體方法，這叫做有道有術。解悟分三個層次，第一個最淺的層次叫理解，第二個層次叫悟解，第三個層次叫證解。

「聽老師講經說法感覺真好，我認同，我明白老師講的是什麼意思」，這稱為理解。理解不是真正的解，其實

你不一定明白，因為理解是世間智的層面。何謂我理解了？就是老師講的觀點、理，還有教的方法，經過我的分析判斷以後，認為是正確的，我明白、接受了，這叫做我理解了。會不會有一部分人，經過他的分析判斷以後，認為是錯誤的？當然會。所以這些都是凡夫智，即世間智。這種智不是真正的智慧，是在分別心亦即煩惱心、判斷心的基礎上，做出的解，並不究竟。

　　昨天你理解了一個觀點，覺著是對，今天又接受了另一個觀點，又覺著對，但今天這個觀點和之前老師講的觀點有衝突，你就開始比較，一比較發現之前老師講的有問題啊，今天這個新的老師講的才有道理，然後就會把之前你認為理解了、認為對的觀點推翻、否定。因此，這種智不是真智慧，是分別心生起，由判斷而來的凡夫智，不是真正的智慧，而是邪見。所有你認為對的其實都是邪見。

　　有人問：「老師，那到底對還是不對，我怎麼理解這句話，到底怎麼做？」

　　其實，真正的解至少是「悟解」。悟字左邊是心，右邊是吾，即我找到了這顆心。在心上起悟，與定心相應才稱為悟解。心定住了、不分別的狀態下，忽然間悟出來了，而不是分析對錯、不是以分別和判斷得出來的狀態，就稱

為悟解。所以，修禪講究的是修悟性，不是僅從理上明白了，而是悟了。悟也分為小悟、大悟、大徹大悟，這幾個層次，小悟不斷，大悟不來，大徹大悟終不可得。所以悟解並不容易，建立在放下分別、心定下來的基礎上，才有可能出現悟中解。

世人都是理上解，心止歇不住，不斷的分別判斷，解出的結論都是錯誤的。不要覺得你認同佛祖的觀點，你所認為的就是正確的。僅是針對六祖的這套理論，一萬個人解讀《六祖壇經》，就會有一萬種解釋，哪一種解釋最接近佛意，你根本就判斷不出來，你認為自己很有經驗、博學多才，認為自己判斷的都是對的，那都是你認為，都是凡夫智。放不下凡夫智，不可能昇華，不可能昇到菩薩智，不可能達到佛智。然而，有幾人能放下凡夫智？每一個人每天心都被外境所牽引，心不斷的動，根本就放不下分別和比較，所以就在紅塵苦海、生老病死大煩惱之中，沉浮一生。然後天天口口聲聲說我在修行，其實一分一秒都沒有真正起修過。

因此說到修行，自古以來變成了一種諷刺，古今中外都是這樣，口口聲聲說自己在修行的人，其實都是最虛偽的人，都是以修行為藉口避世，或者給自己不工作找一個

更高尚的理由，即所謂「我是修行人，可以不做世間的工作，我脫離了滾滾紅塵。」

比如現在廟裡的和尚，有幾個真正在修行的，只是一種避世的手段，做和尚沒有壓力，做完早課晚課後不用再幹任何其他的活，大家還尊重他，有人為他做飯、製衣、負責一切的供養，他可以心安理得的過他的生活。但是有幾個出家人真正修行，都只是當成一種生活方式，或者稱為一種工作。

西方教會的傳教士還有任務，要到陌生的、不信奉上帝的地方傳教，要面對當地人的詆毀、不理解，在這種環境的壓力下，還要去爭鬥，還要歷盡千辛萬苦，歷經磨難去傳播《聖經》。而現在中國的和尚在做什麼，有傳教的任務嗎？根本沒有。尤其像終南山、秦嶺這些地方現在都住不下了，美其名曰世外桃源，打扮得跟和尚、道士一樣，都去修行。事實上那是去修行嗎？都是去避世，都覺著滾滾紅塵障礙著修行、受不了啦。其實滾滾紅塵正是修行處。

把修行當成避世、逃離紅塵的手段，當然是最好、最高尚的，沒錢不代表我窮，我心中有壯志，我是為了修行、為了大乘的菩薩道，我無私，才不去工作，天天為眾生念佛，為眾生排憂解難。

然而，有誰需要你排憂解難？每個人都要首先照顧好自己，自己都照顧不好還能照顧誰？所以，修行自古以來成了一大笑話，天天口中說修行，打扮得跟修行人一樣，以修行人自居的那些人，基本上是世間最虛偽、最要面子、最放不下的人。如果聽到一句對修行人的詆毀，那些所謂的修行人是最受不了的，反而一般的俗人，被詆毀、被罵一句，或者被誤會了，覺著反正本來我就是俗人，無所謂。所謂修行人都自命清高，天天在世俗中顯得與眾不同，世俗的工作中小事不屑於去做，大事又做不成，高不成低不就。自古以來的修行人多是一樣，都是口說般若心不行，如此修行沒有一個真正能夠行的。

第二節

大道無言方便法門權諦接引
心不著境解脫彼岸正道唯一

這一段與前一段同樣都是在作總結，【若作如是解，即名般若智。】即是說，必須得通達，此處的「解」不是理解，不是在理上解，至少是在悟上解，有悟才有證。證是什麼境界？證又是怎麼來的？

證的境界不是語言能描述出來的，是在悟的基礎上，從小悟到大悟，最終大徹大悟的狀態就稱為證解，也可稱為證悟。那是終極的、究竟的解，只有佛菩薩才能做到。這句話裡說的「如是解」就是悟解，在悟上解「即名般若智」，而不可以只在理上解。

有同學提問，「老師，不可以在理上解，那您為什麼還要講這麼多理呢？」

如何引發你的悟，怎麼教你從理解向悟解的層次昇華，必須得有方便法門，方便法門即是權諦，亦是小道。師父講經說法本身就是小道，大道無言，真正的大道是語言所說不出來的，因為大道是整體，落到語言文字上一定都是小道，都是權宜之計，不是真的，不是本體。講經說

法是方便法門，方便接引，透過理上不斷的講解，接引有緣人從理解昇華到悟解。到了悟解這個層面，之後悟解到證解的昇華過程就不用師父引領了，自然就掌握了，就是在行中修，而不是在口上修了。

師父只能將你領進門，之後不可能再帶你往前走了。所謂領進門就是讓你脫離凡夫智，昇華到菩薩的境界，帶入菩薩智的大門。當你學會與定心相應，學會放下分別，學會止息觀照，明明了了你的自心時，師父就盡到責任，再往前就要你自己走，而師父不能再帶了，就要看你自己的造化了，這就是所謂「師父領進門，修行在個人」。

所以這句「若作如是解，即名般若智」的解不是在理上解，而是在悟上解，如此生出來的就是般若大智慧。

有的同學說：「老師，您再描述一下悟和理到底是怎麼回事，理上我能明白，可是悟還是明白不了！」

放不下分別心，止不住、息不了外緣，不知道返觀內照，你永遠也理解不了悟的狀態。悟即是般若智流露出來的感覺，般若智不是學出來的，學出來的是知識而不是智慧。這種智慧狀態超越了凡夫智，已經昇華到聲聞智、緣覺智、菩薩智，至少達到了菩薩智，而聲聞智和緣覺智僅僅是個過程。

聲聞智是透過對苦的觀察，這個苦可不是外面別人的苦，而是觀察自身生老病死大煩惱的苦；緣覺智是觀察無常，不是觀察外面的無常，一定要息止外緣觀察自己。苦和無常都是從你的念中來，是透過你的知覺感受一點一點的去悟。然後再放下苦和無常，哪有苦啊？哪有樂啊？因為想樂才有苦的感覺，因為要生所以才有怕死的感覺，都是一對一對成對的。最後發現原來都是空，這個時候智慧就流露出來了，觀空而流露出來的就是菩薩智，再往上的空而不空就是佛智。所以，我們要透徹的領悟，而不是理解。

放下凡夫智。凡夫智即分別、判斷、推理以及邏輯，就是障道之根源，是所知障的一大成因。要想修行，要想超凡入聖，必須脫離所謂凡夫和迷人的狀態，先在念上讓自己了了分明，一念愚、一念智我都清清楚楚，這就是修行的起修處。

【何名波羅蜜？此是西國語，唐言到彼岸。】前面我們講過「摩訶般若波羅蜜」，摩訶即是心量廣大、廣大無垠，般若即智慧、圓滿大智慧。在此又講到，波羅蜜是什麼？這是西國語。這裡的西國指的是古印度，佛法是從古印度傳過來的，「摩訶般若波羅蜜」就是梵語。但現在梵

文和梵語基本上都消失了，只有研究古文學、古語言的人才懂得，現代印度人也都不說了。然而，所有的佛經都是用梵文寫出來的，梵文也可稱作是有能量的語言，但是現在已經失傳了。

唐玄奘也是唐朝時的翻譯大師，精通梵文，親自到了古印度，看了梵文的原版佛經，然後將其翻譯成中文漢語，所以唐玄奘又稱三藏法師，不僅博學多才、博覽群書，還精通二三十種語言。當時的古印度不是統一的國家，是很多的小城邦，每一個小城邦都使用不同的語言，所以想在古印度把各門各派的佛法精髓都學到，則要各種語言都得精通、通達才可以，十分不簡單。這些語言之中，梵語梵文是最基本的語言文字。

「何名波羅蜜」，波羅蜜全稱為波羅蜜多，簡稱波羅蜜。「此是西國語，唐言到彼岸」，意思是，這是古印度的梵文語言，翻譯成當時六祖所在的唐朝中期的語言，是「到彼岸」。而到彼岸是什麼意思？到哪個彼岸？彼岸即是對面的岸，有彼岸就一定有此岸，此岸和彼岸之間相隔的就是江河湖海，我們亦稱之為業海。而何為此岸？此岸就是生老病死煩惱岸，也稱為苦岸，這個岸上都是苦。

有人認為，「老師，此岸上怎麼會都是苦呢？此岸也

有樂啊，這個岸上應該是苦樂參半。」

其實不是苦樂參半，此岸之上苦多樂少、苦長樂短。

就好像我們自小就立下志願，要成為億萬富翁，然後開始拼命學習，考上好的學校，找到好的工作平臺，然後自己再想辦法創業，歷盡艱險就是為了實現這個兒時的願望，這個過程是苦還是樂呢？有人認為這叫苦中有樂。其實錯了，這就是所謂「求不得苦」。不要以為你有動力、有願望就是樂，不是這麼回事。現實生命的本質就是，雖然你在奮鬥當中因為有個目標，感覺很有力量，但是你還是苦的，這不是在說奮鬥過程中的苦，雖然奮鬥本身一定是苦的，但同時還有一種最大的苦，就是求不得苦。

每天煎熬得睡不著覺，「為什麼還是實現不了目標呢？我怎麼還沒有成為億萬富翁呢？現在怎麼還相差那麼多啊！」

這就是求不得苦。天天吃不好、睡不著，拼了命的努力工作，無比嚴格的要求自己，難道不是苦嗎？但是，當你真的實現願望的那一天，偶然的機會一個大計畫賺了一億元，突然成了億萬富翁，實現了多年的夢想，那的確就是樂。雖然樂突然來了，但是這種樂絕對不超過三天，然後馬上又陷入到深深的苦之中。為什麼？之前是求不得

苦，現在目標突然實現了，沒有新的目標了，你的人生變得沒有理想、沒有願望，也沒有希望了，忽然間又陷入另一種苦惱之中，就是無聊之苦，沒有目標之苦。所以，就得再樹立一個新的目標，一億不夠還得十億、百億，於是又設立了一個百億的目標，好像又有目標、又有動力了，但是同時又開始了新的求不得苦，開始又為了百億去拼搏、去努力，開始迴圈。

　　而且，為了達到百億的目標，得去做更多的事，甚至不擇手段、違背人性、坑害別人，突然徒增了很多的大煩惱，身體因此也不健康了，在這個過程中，你就承受著所謂的煩惱之苦、病痛之苦。現實中得到的越多、資產越大越享受，其實你越是非常害怕死亡以及無常的到來。好不容易掙了這麼多錢，還沒享受夠，萬一哪天死了怎麼辦！諸如秦始皇等，所有的帝王都是如此，在世間榮華富貴已經達到盡頭頂峰了，世間再也沒有什麼可爭的了，就開始求長生，這就是對死亡的恐懼。

　　所以在這個世間，在此岸，就是苦多樂少，我們都是這樣的。我追求一個美女，追不到的時候是求不得苦，天天煎熬，天天煩惱，萬一她不跟我好，我追不上、得不到她，那怎麼辦啊？後來，真正得到了，結婚了，天天在一

起了，別說三年，都用不了三個月，甚至可能用不了三個星期，就習慣了、自然了，就對她沒心思了，又開始了無聊之苦，這不就是苦多樂少嘛！等她真的離開時，又開始痛苦。又開始再追別人，就又是一個迴圈。

這就是人生，即是生老病死大煩惱，稱為此岸。而此岸的苦，也正是佛祖釋迦摩尼所看透的一點，所以佛法四聖諦「苦集滅道」，先從苦中來，即首先是苦諦，而後是集諦、滅諦、道諦，佛法就是從四聖諦開始修。如果你天天覺得都特別高興、特別樂，那還修什麼佛法啊？天天都是開心、都是高興，沒有苦只有樂，那就已經在彼岸了，還需要修什麼呢？之所以修行，不就是因為現在還在此岸，即生老病死大煩惱岸，還在看著對面的彼岸，即解脫岸、涅槃岸，所謂波羅蜜。修佛法，可以解脫生老病死大煩惱，簡單說即是離苦得樂，用西國語即是「波羅蜜多」。如何達到波羅蜜多的境界，到達彼岸呢？得修摩訶、修般若。修了摩訶，心量修大了，廣大無垠，就能看破、放下生老病死大煩惱，大智慧就生出來了，自然就到了彼岸，即解脫岸。修佛法就是修解脫。

所以六祖說【解義離生滅】，這裡又有一個解，還是指悟解。「解義」即是悟解到了真實的含義，悟到了真實

的意義，大智慧的智慧心就生起了，就能做到「離生滅」，即解脫生死。解義離生滅，即是說如果我真的把佛經所講的佛法之理、真實的含義悟到、證到，我就脫離了生死，就解脫了生老病死大煩惱，那麼我就到達了彼岸，就都是樂了。現在這個狀態還是生老病死大煩惱，而彼岸即是常樂我淨。「唐言到彼岸。解義離生滅」，就是這個含義。

接著六祖惠能再次強調，生滅是如何而來的？生死無常、生老病死大煩惱是怎麼來的？即【著境生滅起。如水有波浪，即名為此岸。】此處又在強調，此岸即是生老病死大煩惱，而此岸和彼岸到底有什麼區別？此岸亦稱苦岸，彼岸亦稱樂岸，此岸即是無常岸，彼岸則是有常岸、常岸。而「著境生滅起」就告訴我們，生老病死大煩惱到底是如何而來，就是由於你的心時時刻刻不斷被外境所牽引、迷惑，你迷在了外境當中，所以有生有死、有老有病、有大煩惱。煩惱的起源，生老病死的緣起都是著境，即執著於外境，以外境為真，把外境一切人事物的存在，當成了客觀的存在，我們的煩惱就由此而生，就是因為認為外境真實存在，認為外境是真的。

有人誣告你，要跟你打官司，如果這個官司輸了，你就可能有牢獄之災。你會把這個外境當真，然後你的心就

跟著外境不斷生滅，起起伏伏，你的各種妄想就開始了，如果官司打輸了怎麼辦？如果贏了又會怎麼樣？未來的事你想的太多了，徒生諸多妄想，這即是被外境所牽引。

又比如，有一個女孩喜歡自己，而且長得又很好看，準備要結婚的時候，突然發現她爸爸原來是一家上市公司的董事長，她原來家財萬貫，然後你就開始浮想聯翩了，這要是娶回來以後，自己就可以飛黃騰達……等等等等，想得就多了，不斷的妄想。結果進入豪門之後，發現不是那麼回事，然後開始失落、失望。

如此，心就被外境所牽引，起起伏伏。然後，生和死你也覺得是真，自己生下來了，可別死了啊。所以我們常言說，貪生怕死、怕老怕病。在生老病死的無常當中，我們徒增了太多的煩惱，而這就是此岸。

此岸和彼岸相隔距離有多遠呢？中間到底隔的是一條小溪，還是一條大江，是湖泊還是大海呢？佛法告訴我們，此岸即彼岸，彼岸即此岸，中間哪有隔閡！如果說有隔閡，十萬八千里也是它，十萬八千億光年也是它。一心不悟，遠隔十萬八千億光年；一心一悟，此岸即彼岸，就在眼前。所以，六祖惠能反覆一再講，要從念上修。一念愚，則般若絕，你離彼岸波羅蜜多就相隔十萬八千億光年，永遠到

達不了；一念智，則般若生，中間的業海你一瞬間就跨越了，即到達彼岸。

其實，到了彼岸以後，當你體會到了什麼是常樂我淨，再一看腳下，發現這就是你曾經站過的那個此岸。實際上，就沒有一個所謂的宇宙間的地球，這是此岸，是五濁惡世，然後另外有一個極樂世界的金色星球，那是光明美好的蓮花世界，是西方極樂世界，你為了從地球跨越十萬八千億光年到達那個金色的星球，天天念佛，就算你天天念佛終於到達那個所謂的金色星球，往腳下一看，發現你還是在地球上，你從沒離開過地球。

到底何謂此岸，何謂彼岸？彼此之間是什麼關係呢？其實不是外面有一個地界稱為此岸或是彼岸，所謂不二，不二人、不二法、不二境界，都是不二，其實都是一。二是從一分別出來的，二不管是在陰處還是在陽處，最後都還是在那個一中，陰和陽都在一之中，從未離開那個一，也永遠都離不開那個一，二是由你的分別而來。陰陽、光明黑暗，都是你分別來的，但是你就沒離開過這個地方，黑暗和光明都是一個地方發出來的。你從黑暗當中終於來到了光明中，就會發現光明也是從這裡發出來的，都是一回事。還有什麼此岸彼岸之分呢？如此一分彼此，不就又有分別了嗎？

此岸就是不好，彼岸就是好。五濁惡世就是不好，就要脫離；極樂世界就是好，清淨就是好，這不又是在分別嗎？如此執著於分別，你怎麼可能離得開這個此岸，怎麼到得了那個彼岸？一瞬間放下了分別，心不被外境所牽，真正能夠達到念念明明了了自心，然後止息觀照，心意不動，你的腳下立刻即是彼岸、解脫的彼岸，你的生死苦海、生老病死大煩惱，當下即消散。而當你心一分別，立刻生老病死大煩惱就如潮水一般，突然噴湧而至，你就又回到了五濁惡世。

所以，無論是五濁惡世，還是極樂世界，不管是蓮花世界，還是垃圾世界，都不在外，不是外面的環境決定你在哪裡，也不是你生在什麼環境中。如果認為自己生在五濁惡世，生在地獄，得從地獄當中修出去，那就錯了！同樣生在這個地球上的人，有的人一生出來就覺得是蓮花世界、是清淨的佛國；而你也生在這個地球上，你看著這個別人眼中的蓮花世界，就覺得是垃圾世界。其實跟這個地球、這個世界沒有關係，完全是你的心造的，是你的知覺感受收集的資訊。當你認為地球是垃圾世界、五濁惡世的時候，你收集的資訊就全是暴力衝突，全是人與人之間的不和諧，你就看不見現實世界、客觀世界存在的和諧與美滿。不是不存在，而是你看不見。

六祖惠能在此告訴我們，生死煩惱的本質、緣起是什麼？即是著境，執著於外境。如何修智慧心？怎麼修般若行？就得從止歇外境開始修起。止歇外境、觀照內心，念念了了分明，不作分別狀，此即般若行，就是真正的般若行，這才真正是需要修、需要練的。需要一切處所、一切時中，念念不愚，常行智慧，即是般若行。

這一段其實還是在總結前文經典的含義。上一段講的是般若，這一段講的是波羅蜜，不都是一回事嗎！

上一段講「善知識！何名般若？般若者，唐言智慧也。」

這一段說「何名波羅蜜？此是西國語，唐言到彼岸。」

而上一段接著說「一切處所，一切時中，念念不愚，常行智慧，即是般若行。」

這一段隨後也講怎麼到彼岸，「解義離生滅，著境生滅起。如水有波浪，即名為此岸。離境無生滅，如水常流通，即名為彼岸。」

好像在講兩個詞，其實說的都是一回事。

行般若行即得大智慧，行般若行即到達解脫的彼岸，根本不是兩回事，都是一回事。行是同一個行，念就一個

念，真正的佛法就沒有第二個道理，即不二法門。

修行的方法也只有唯一的一個，佛法、道法、儒學，所有的修行方法，正確的道路只有一條。不是說佛法有一條正確的路，道法又有一條正確的路，儒學也有一條正確的路。不是這樣的！而是佛法、道法、儒學所有加起來，只有一條正確的路！只是他們用的方言、術語和解釋的角度有所不同，但路只有一條，即是不二法門。世間的真理、出世間的正確道路，也只有一條，有二就不對了。

但是，邪門外道卻有千千萬萬無數條，偏執之道無數條。即所謂，正道只一條，邪道無數條。無論講佛法，講儒學，還是講道法，不管講基督教，還是伊斯蘭教，都只有一條路，講的都是一回事。

基督不是信上帝嗎，那還是一回事嗎？

對了，西方人在上帝那兒求一，上帝即是一，一而不二。找到了上帝，就找到了一切的根源。而我們東方講天人合一，我們找「天」，人和天相合了，即是天人合一、達到一的狀態了，也就是解脫的狀態、圓滿的狀態，都是一回事。西方找的上帝就是他們的天，人和天相合，他們什麼都聽上帝的，按上帝指示的一切去做，上帝賜予人以神力，上帝創造各種奇跡，這也就是他們的天人合一。

解義離生滅　著境生滅起　離境無生滅　如水常流通

哪有什麼區別？根本沒有區別，有區別也是人去分別的。或者說天上的神就一個，或者說天上至真的理、至真的通天之道、天梯就那一個。如果你覺著有無數個，那就是你走錯路了。

《六祖壇經》裡面的各個名詞、各種比喻，也都只是換不同的角度去說，其實說的都是一回事。既然都是一回事，為什麼還要換多個角度，還要說這麼多呢？因為每一個人理解所需的語言內容不同。有的人透過對大智慧的解讀理解，就悟了；有的人透過對彼岸的解讀，他悟了；有的人從摩訶而悟，有的人從般若而悟，有的人則從波羅蜜而悟；有的人從戒悟，有的人從定悟，有的人從慧悟。所以說，世間定心相應八萬四千種，即我心定下來了才能悟，這是一定的，是不二法門；但是我在哪個點上悟，那可是世間八萬四千法門，說不準你從哪裡悟。

所以聖人開啟智慧之門，要廣開方便接引之法，即是多給世人開一些路、八萬四千條路。八萬四千代表的是很多很多，即對應世人的八萬四千種定心相應，開了八萬四千條路，從而形成八萬四千種悟。

這是聖人的慈悲處，就像觀世音菩薩三十二變身，即三十二相，甚至會化成屠夫相、妓女相，為什麼？為了接

引世人。有的人就是信官僚，那菩薩就化成帝王相，給你講經說法，從理上帶你，讓你在證中悟，因為你信的是帝王；有的人就聽女人的話，菩薩就化成美麗的妓女，在枕邊兒一吹風一點化，你一下就悟了。觀音菩薩不會以任何相為恥，不會以任何相為榮，不是固定一個形象，觀音菩薩的相都為眾生相，眾生需要什麼相，菩薩就化成什麼相去救度他，所以這就是菩薩的大慈悲處。

我解讀《六祖壇經》，不停的講啊講啊，我都不願意再重複講了，因為經中的任何一句話、任何一個術語、任何一個名詞、任何一個角度，其實都是講一件事。但是，又不能不講，因為雖然我已經講到這裡了，但是還有一大半人沒有悟。也就是，我還沒講到他們能悟的那個點，我就得繼續往下講。正在書前的可能有同學或者我的弟子，在某一句話上忽然悟了，那就是你的那個點到了。但是，絕大部分人還沒悟，還是懵懵懂懂的，好像聽明白了，甚至聽還都沒聽明白，還懜著呢，那就得繼續往下講。

我得把這套智慧留下來，因為只是講過，就像大雁過境、過眼雲煙，如果不藉由影音、書籍留下來，那這套智慧就像影子一樣，過去就沒了。正所謂雁過留影、人過留名，這套智慧也得留下來，廣為傳播，讓更多的人看到、

解義離生滅　著境生滅起　離境無生滅　如水常流通

聽到，使更多的人開悟、昇華、明心見性、生起大智慧、脫離生死苦海、到達彼岸，這即是大功德，也是我的使命工作。

其實不論怎麼講，一定不偏離主航向，一定不偏離這個點，即是不二法門。也就是不離本體，脫離本體而修小道，那是邪門外道，會把人帶向魔境，不僅到不了彼岸，反而把人越來越拖向深淵，那是大罪業，是毀人慧命，把人導向歧途，讓人遠離智慧，將人帶向痛苦的深淵，比害人生命都要殘忍，罪業都大。

所以有句俗語說，「地獄門前僧道多」。為什麼這麼說？僧道不是修行人嗎？他們應該普度四方，然後應該上天堂、成菩薩啊，為何跑到地獄去了？因為僧道好為人師，覺得自己是修行人，掌握宇宙自然的規律，好為人師但所學所修又不究竟，不知修行的本體是什麼，天天行的都是小道，今天測測風水，明天算算玄學，後天演演《易經》，那都是小道。從而把人也帶上了小道，使人迷戀小神通，其實越來越偏執，離本體、離修行大道越來越遠。

有人問：「老師，那您怎麼也講風水、講《易經》、講玄學呢？」

我講這些，只是把這些當作方便的接引法門，即為方

便法。講的時候我會告訴大家，這不究竟。但是，喜歡聽這些的人很多，因為都喜歡風水、《易經》，喜歡預測，喜歡神通，所以就得投其所好，這即是方便的接引法門。藉由大家感興趣的東西把你接引進來，之後告訴你，我之前教你的東西沒問題，但是還有更好的東西，你現在學的風水、《易經》是小神通，得的是小智慧，還不離凡夫智，如果在此有緣，你學好這些以後，我再教你更厲害的大神通，即菩薩智、佛智。這樣你就有了大智慧、大神通，就將你導向了修行的本體，最後帶你找回自心，帶你趨向圓滿，到達波羅蜜多彼岸。這與小智慧是有截然不同的區別的，行的是大乘菩薩道。

所以，六祖惠能在《六祖壇經》中講，如何接引眾生？一定要讓他信，投其所好、讓他喜歡，一定要用方便法去接引，不要一開始就講大智慧，講離苦得樂，沒有人開始就想追求這個。有的人要掙錢、有的人要圓滿，那就告訴他，來學習這套大智慧，首先能滿足你的願望。其實，大家都是奔著五欲六塵而來。沒關係，都可以，並不是我們一開始修行就得先戒欲，什麼欲望都不要有，那誰還來學啊。接引來了以後先告訴他，可以讓他在世間五福圓滿，然後再帶他昇華，那就是佛法，使他超越。世間圓滿是人人想要的，世間逐漸圓滿了之後，再修出世間的圓滿，亦

即出離生死苦海，再帶他到彼岸，否則世間再圓滿還是在此岸，還是脫離不了生老病死大煩惱。告訴他，還有一種方法可以直接將他帶到彼岸，那就脫離了生老病死大煩惱，脫離了生死苦海，學不學？這就是菩薩道。

同樣是教人風水、預測、《易經》、玄學、斬妖除魔這些手段，絕大部分教這些手段的老師，最後都入了地獄之門，只有極少數的人同樣教這些，最後成了菩薩。因為發心不同，同樣教這些後面的結果就不同，帶向的路就不同。只教風水、玄學、《易經》預測、斬妖除魔這些手段，直接就會把人帶向地獄，因為這是教人小道、外道，帶人走向邪途，毀人慧命。但是，以此為方便接引法門，將人引向菩薩道、佛道，就是功德無量，子孫也都跟著受益。我們要做的是這樣的事，千萬不能做下地獄的事。

千萬不要天天說我是修行人，天天導人向善，天天教人家各種方法，去規避世間的橫禍，結果自己不得善終，子孫也都跟著遭殃，那還不如不學，還不如只要世間的一點小福報。所以，所有的修行人，尤其是我的弟子一定要牢牢記住這一點，我們行的是大乘菩薩道，是佛道，我們一定要把人導向正道，遠離邪道。

第三節

離境非絕境觀照不著境
修禪亦非修一悟到彼岸

【離境無生滅，如水常流通，即名為彼岸，故號波羅蜜。】

「離境無生滅，如水常流通」，這就是在教我們方法。生老病死大煩惱，這即是生滅，也稱為生死苦海，苦即是煩惱。如何做到破除生老病死大煩惱，不為外境所牽引？怎麼能夠不被外境牽引呢？首先要從理上明，外境一切相皆是虛妄，相即是外境，唯一真實的就是我的內心，我的心即阿賴耶識，這是本體，外境都是阿賴耶識投射出來的。

有人問：「投射出來的不也是我的心嗎？」

對，是心又不是心。透過這顆心的投射，來觀察這顆心，但是可不能在這顆心投射的外境中迷失了，要隨時保持著清醒。

有人又問：「我如何能做到念念了了分明呢？我對我內心生起的念頭，如何了了分明，怎麼觀察念頭，如何向內觀呢？我是不是要開始打坐，摒棄外面一切視覺、聽覺、嗅覺、味覺、觸覺的感受，這就是息外緣；然後就盯著、

觀察著我的念頭，這就是觀照；然後不分別？」

大錯而特錯！你這就是個悖論。內心深處生成的念頭就是你，你又在觀照那個內心生成的你。你是一把刀，你要用這把刀削自己的刀把，怎麼削？不可能！觀照念頭可不是盤腿打坐，摒息外緣，在一個小空間裡、一個漆黑的山洞或者房間裡，一點聲音、顏色、光亮、味道都沒有，甚至觸覺都降到最少，然後在那兒觀察自己在想什麼、自己有什麼念頭，那是不對的，那是觀照不了的！你在這樣觀照的同時，你發現那個念頭的時候，你就已經迷到裡面去了，就像做夢一樣，做夢的時候你根本不知道自己在做夢。

那怎麼離境？即觀境、照境，不執迷於境，不執著於境，這才叫做離境。離境絕不是看不見境，聽不見境，讓自己完全陷入一種隔絕的狀態，那根本不是離境。當你陷入隔絕的狀態時，你還是在一種境裡，那就是寂滅境。你把外面那些花花綠綠的、凡夫世界的境屏蔽了、隔絕了，在山洞裡其實你又創造了一種寂滅境，全然黑暗，全然沒有聲音就是寂滅境。如此，你就脫離不了寂滅境，你就又對寂滅境執著、貪婪，被寂滅境所牽引，那樣肯定不行。

正如想要求定，結果用打坐求定，而打坐求定永遠求不來定。我找到一個最安靜的、一點聲音都聽不到的、一

絲光亮都沒有的地方，摒息外緣，就要靜、就要定，這即是打坐求定。這怎麼可能求得定呢？沒有聲音，隔絕外境、外緣，就定了嗎？你的心就不動了嗎？你的念頭就沒有了嗎？何謂真定？何謂離境？真定從哪裡來？真定不離世間覺。在紛雜、嘈雜的、五光十色、光怪陸離的世間才會有真定，這即是所謂真定不離世間覺。而離境就是在五光十色的相中、電閃雷鳴的相中、嘈雜的世間，我能於境離境，我不遠離境，在境中離境。

如何觀察我的念？並不是向我的內心中，靜靜的聽我有什麼念頭，聽不出來的。能聽到的都是粗念，而那個粗念都是極度延遲過後的粗念。其實，念發出去以後，轉化成你能聽明白的語言，然後再到達你的中樞神經，你再去識別、判斷是不是這句話，是這個意思嗎？其實到你有意識、感受到這個念的時候，早就已經時過境遷了。當你聽明白你內心發出的念的時候，當你理解了一個念頭的時候，已經有十萬八千種念頭過去了，因此這種方法是不對的。

真正的念在哪裡？真正應該觀、照哪裡？在哪裡找真念呢？就在外面的境中。

我們所有的念都會投射出去，形成強大的資訊流。我的宇宙是怎麼運行的？為何會有生老病死，會有成住敗

解義離生滅　著境生滅起　離境無生滅　如水常流通

空？為何會有那些規律，有山河大地、日月星辰呢？我的心是怎麼造的這個宇宙呢？就是透過念念不斷的資訊流，我發出去的資訊流形成了宇宙的山河大地、日月星辰、人事物，然後我觀察這個相、這個境的過程，就是我在觀察最微細的資訊流。我真正觀察我所在的現實世界的一切，這時候就是在觀察我的念念，因為一切都是我念念生出來的，都是念投射出來的。

所以離境不是與境隔絕，境分內境、外境，內境六根、外境六塵。用六根來感知六塵，來判斷六塵，六塵即色、聲、香、味、觸、法。所謂六識不出六門，可不是讓我們不看、不聽、不嗅、不嘗、不觸，而是聽而不聞、視而不見、觸而不感，我該聽就聽，該看就看，該觸碰就觸碰，該感知就感知，但是我不執著於我看見的，不沉迷於我聽到的，不會陷在我的知覺感受當中，這才真正是六識不出六門。我不能把自己隔絕封閉，就想找個山洞打坐三年五載，閉黑關，認為出來就大徹大悟了，那都是胡扯，絕不能這樣修！

這些苦行釋迦牟尼佛祖都修過。佛祖修禁欲，日食一粒米，已經瘦得皮包骨，暈倒在河邊，馬上就要餓死了，被牧羊女用羊奶救活，然後繼續在森林裡修苦行，所有的苦行他全都修了，最後他說這些都不究竟，都是外道，不

能這麼修。可是，現在有多少所謂的活佛、和尚在山洞裡、在廟裡，動不動就閉黑關，大家當神一樣拜他們，那究竟嗎？跟修心有什麼關係？那不就成了絕境，即隔離外境。然而外境隔離得了嗎？不通理，天天自己在身體上去苦行，那是真的修行嗎？修行的本體離不開修心，如何修這顆心，大智慧如何出，如何脫離生死苦海，離苦得樂？這才是本質，才是本體。

《六祖壇經》中每個字你都認識，但是真正修起來的時候，這是最高的境界，你不一定能修，不一定會修。所以「離境無生滅」，當你看到所有的外境皆是心投射出來的影子，知道所有的念頭形成資訊流，維持著整個世界的更新、整個世界的成住敗空，仔細觀察外境的一切，即是觀察內外如何相應，心如何隨境轉，觀察苦從而知道了苦的本質，再觀察無常，然後觀察空，這就是在修脫離世間的凡夫智，就在修聲聞智、緣覺智、菩薩智，最後修佛智。這些智慧是從何而來？都是從觀察外境而來。你是個觀察者，你在觀察、照見，而不去執迷，不陷進去。

息緣而不絕緣，息外緣絕不是絕外緣，我在外緣中，不攀緣但不絕緣。我在外緣中，又不被所謂的緣所牽引，又不會迷在其中。在此我放下分別即是修止，修的就是念

念明了其心，我的念了了分明。觀察外境越細微，我越能觀察到我的心念發出去的微細念。而我們現在對外境根本就不會觀察，也根本不可能息；不會觀，則絕不會照，我就無法把自己當成鏡子，就做不到既身在其中，又置身事外。做不到這一點，我一旦深入其中，就變成了其中的一份子，就執迷進去了。

所以真正的修行，修的就是止息觀照。「離境無生滅」，離境應該是於境而離境，於境離境則生滅不起。「如水常流通」，水不要去堵。絕境亦是在堵，隔離外境、外緣，不聽、不看，就等於把六識堵住了，把水用大石頭堵住了，其實那個境還在，只是把水堵住了，假裝認為沒有了，認為水就是沒有了。我還是覺著看見、聽到這些境不好，我會被境牽引走，如此隔絕即是滯住了。怎麼才能「如水常流通，即名為彼岸」？如果我不去滯住、不去障礙、不去隔絕，我在境中又不受境的牽引，我身在境中又能做到置身事外，這才真正可稱為離境。那隨後，整個境亦即是相，也就是我的念生生不息所形成的境，就會像水常通流，做到這一點的時候，我就已經站在彼岸。生老病死大煩惱就是境，皆為境的呈現。

「故號波羅蜜」，如此修就能到達彼岸。其實彼岸即

此岸，心念一變，不執著於境，我就已經到了彼岸。否則業海廣大，苦海無邊，就不要妄想到達彼岸了。然而，只要把這一段學好，從理上解，從悟上解，一悟即到彼岸，不需要修什麼。有什麼可修的呀？我們講的並不是修，禪不是修出來的，禪是悟出來的。真正的修禪需要你的放下，需要你的止歇，需要你會觀照，當一下領悟了立刻就到了彼岸，不是積累來的，不要以為所謂積累而來即是修出來。

　　因此真正的修禪，一定修的是悟，悟到即得到，得到即有功德妙用，就可以用了，神通就來了，就離苦得樂了。

第十二章

念念若行　是名真性

凡夫即佛　煩惱即菩提

言語道斷　心行處滅
觀照解脫　般若正道

【善知識！迷人口念，當念之時，有妄有非。念念若行，是名真性。】《六祖壇經》裡的這句話，其實還是在講解前面的意思。即是說，真正的修行不在口上修，不在於跟人辯理，迷人口念而心不行。「當念之時，有妄有非」，只要說出了話，即是言語道斷，心行處滅。所以，要心行，不要從言語上得究竟，言語上永遠得不到究竟。話一出口即是二，即有是非，即是偏執，有妄有非。用語言把一個意思表達出來的時候，就已經不究竟了。

「念念若行」，是在哪裡行？是在身體上行嗎？還是心裡在行？心行處滅，即一定要在心中行，不在口念而在心行。「是名真性」，這樣修就能修得、感受到所謂的真性。心中行即是在念上行，念是今心，即是當下的心。前面章節講了，在心中行，亦即是我們要向內，要觀、要照。平時我們為什麼口念有妄有非？為何無法在心上去行？因為我們時時刻刻都處於一種內迷五欲、外迷六塵的狀態，所以我們被稱為迷人。

我們時時刻刻把自己的心放在五欲上，即放在我身體的感受、我的受想行識這些上面，我們不是迷內就是迷外，迷內有內境，迷外是外境。平時靜下來的時候，不看外境的時候，我們其實就在被內境所迷。當我被內境所迷的時候，根本就無法觀察外境，對外境就沒有了感覺，即使外境都在眼前發生，也是視而不見。也就是說，當我們迷於內境的時候，心並不在外境，那時就真的是視而不見，聽而不聞，食而不知其味。

其實，我們絕大多數的時間都是被內境所迷的，就是我們迷在自己內心中執著與妄想的過程裡，不斷追憶著過去，不斷妄想著未來。所以我們絕大多數時間都在做這樣一件事，少部分時間被外境所迷，這是在靜的狀態的時候。換言之，在靜的狀態下，即是外面沒有刺激性事件的時候，我就被內境所迷；當外面來了刺激性事件，我的心就會隨外境而大動。我們平時不管是靜下來，還是動起來，與外界相應或不相應，其實我們的心要嘛就在內境，要嘛就在外境，我們根本無法做到讓心稍稍有一點止歇、稍稍有一刻停歇。即是從我的內境中解脫出來，或者從外境中解脫出來，這就叫做離境。

真正的修行不在口念在心行，而心行就要從離境上做

起，著境生滅起，離境無生滅。所謂心行處滅，讓我的心真的能夠清淨下來，就要從被迷的狀態中解脫出來。怎麼解脫？就要從觀、照上去解脫，於內境與外境不取不捨，不去分別，不去沉迷，不癡不執著，這即是不著境。當我們靜下來的時候，我們要警惕是否沉迷於執著與妄想的內境；當我動起來的時候，外面有刺激事件的時候，有相應事件發生在我身上的時候，我也馬上就要警惕，我的心是不是被外境所牽引，我能保持內心的如如不動嗎？我能對外境不取不捨，放下分別嗎？我能夠做到外境來了則應，去過不留嗎？這就是觀的功夫和照的功夫，觀照的功夫，就是心行。我們修本體一定不能離開心，離開心的都稱作邪門外道，修心、在心上行則是正道，即是般若行。

【悟此法者，是般若法；修此行者，是般若行。】意思就是，要修大智慧，首先要通理，即是「悟此法者」。不僅要悟這個法，還得時時刻刻堅持修，這樣修就是般若行，即稱為「觀照法修般若行」。而從內境中脫離出來，從外境中解脫出來，即離境，則生滅不起，這就是般若行，得大智慧。

【不修即凡，一念修行，自身等佛。】如果不這樣去修，就是迷人，嘴上說得再好還是個迷人。迷人即是凡夫，

就是內迷內境、外迷外境，被內外境界所牽引，執著於內外境界，就是凡夫。哪怕有一念離境了，即「一念修行」，在那一念間，「自身等佛」，你就是佛。所以修行就是修這個念，念念相續、念念不斷，常行般若，你就是佛，就是大智慧到彼岸，智慧的光明、般若的光明就會照耀一切。那個瞬間，對宇宙的萬事萬物，你一眼都能夠看透，就是大智慧現前，那個狀態就是智慧流露的狀態。但是，一念不清淨、一念著境，你馬上就會回到凡夫的境界，再看世間的萬物、人事物，都是有形、有色、有相了；心中雜念一起，妄想、是非一起，馬上就回到了凡夫的境界，神通就失去了。

第二節

凡夫即佛一體無距離
安在當下心動即是悟

【善知識，凡夫即佛，煩惱即菩提。】這句話非常重要。我們是凡夫，凡夫和佛是什麼關係呢？好多人都認為，佛是從凡夫亦即是普通人修起，而後經過八萬四千億劫，即無數的劫，慢慢的、一步一步的修成了圓滿的佛，修佛好像有階段性、有階梯性；而凡夫，即現在的我，才剛起心動念要開始修佛，後面還會有漫長的修行路要走。這個觀點是錯誤的，凡夫與佛之間是沒有距離的，是一體兩面，所謂「凡夫即佛」，凡夫本身就是佛，人人皆有佛性。佛本身也是凡夫，是一體的兩面，沒有距離。佛，並不是由凡夫積累而成佛的。凡夫怎麼能成佛呢？一念清淨即是佛，一念離境即是佛。

《金剛經》中有言：「離一切相，即名諸佛。」離什麼相，即是什麼佛。一旦離了相，即是離了境，立刻就清淨了，就是佛了；為相所迷，被境所迷，立刻就是凡夫。所以，每一個人其實都在佛與凡夫之間相互轉化。當然，這是針對修行人講的，沒修行的人，不知道修行的正道、

正法在哪裡的人，沒有任何一個瞬間能成佛身。不修行，則一直、永遠、永恆的都在迷中，都被內境與外境所牽引，離不了境就永為凡夫；一旦修行，一旦走上修行正道，那就瞬間清淨，瞬間即是佛。這也就是一念迷即凡夫，一念淨、一念悟即是佛，這句話後面會詳細講解。

「煩惱即菩提」怎麼解？有人認為是，因為有煩惱，所以就能下大功夫修行，沒有煩惱就不修了，如此理解是不對的，不是這樣解，那就不叫「即」。還有人認為是苦盡甘來，化解、解決了這個煩惱，菩提就來了，也不是這樣解，那也不是煩惱即菩提。這一句話真正講的意思是，煩惱本身就是菩提。任何事物都有其兩面性，因此煩惱本身就是菩提，任何的煩惱都有意義，都能使我們昇華，只是我們是盯著煩惱的負面，還是盯著菩提自性的那一面，這就在於我們如何取捨。有取有捨即煩惱，無取無捨、不著境即菩提。所以煩惱即菩提，煩惱本身就是菩提，菩提本身也是煩惱。

【前念迷即凡夫，後念悟即佛。前念著境即煩惱，後念離境即菩提。】

「前念迷」，前是指過去，我迷在了過去。過去其實就是我內心中的內境，因為過去在現實中已經發生了，只

存在於記憶當中。前念迷於內境了，這就是凡夫。我們大多數時間都是迷於內境，即過去的事忘不了，美好的事經常想，被傷害的痛苦的事一想就怨恨、傷心。其實我們絕大多數時間都是如此，而且這是一種慣性，是不自覺的。

比如昨天的談判，對方的狀態、言語，不斷的在腦中回想，不斷的分析判斷，然後再決定下一步要怎麼做，之後就是為未來又開始妄想，我應該如何做，基於前面的過程經驗，我要做出對後面事物的判斷，這就是我們的慣性。我們無時無刻不在這種狀態之下。又比如，我之前一段失敗的婚姻給了我很多教訓，我每天在反省，為什麼會遇到那個渣男，為什麼會過成那樣？這就是迷於前境，迷在心裡，即是前念迷。

「後念迷」，就是對未來即將發生的事，我們著境、執著，或者我們被未來的外境所牽引，也就是妄想是非，如此我們就是眾生，眾生即凡夫。你能放得下前境嗎？能放得下前面的回憶嗎？能放得下妄想未來嗎？能把心安在當下嗎？你不能。真正的佛永遠都是，所謂常樂我淨，第一步就是把心徹底的安在當下，前面發生過的事情，不著境、不迷、不執著，放下，徹底的放下；後面還沒有發生的事情，想都不要去想，只需要把你的心安在當下。但是

做到這一點的確非常的不容易。

　　先做到心安在當下，不被前境和後境所迷，不為前境和後境所執著，不去判斷是非對錯，只是把眼前當下的事情做好。當下的事情才是你應該應的事，而且當下的事你應了就應了，應了、過去了就成為過去了，不要再去追憶、再去回憶、再去想。時時刻刻的觀照當下，來了就應，應無對錯，應事、應人、應物，都沒有對錯，當下如何判斷就如何判斷，當下想怎麼做就怎麼做。

　　有人問：「老師，這樣的話，會不會落於空亡的狀態呢？我前面的事也不想，後面的事也無所謂對錯。那種狀態是不是就可以我什麼事都無所謂，什麼事都不在乎。」

　　那就錯了，不是那麼回事！當下即應，有幾種應法：善應即主動的應，惡應即是被動的應，無記應即是昏沉，就是所謂的無是無非，什麼都可以，其實是處於一種昏沉的狀態。那麼既然是不取不捨、不善不惡、不是不非，那怎麼應呢？隨心而應，不是因為對我就去主動的應；不是因為錯我就不主動、被動的應，甚至不去做、不應；不是因為怕取捨、怕判斷、怕是非，我就昏沉的應，昏沉就是昏昏睡睡的、似睡非睡的狀態，就是不作為、無記，這種狀態也不可以。這些都不能稱為清淨心的應。

我們應該做到，當下不僅要離過去的境，也要離未來的境，同時也要離現在的境。不去判斷，想怎麼做就怎麼做，這是一種狀態。這種狀態是要練的，是要修的，修著修著就能修出感覺來。現在的我們在應的時候，基本上都處於一種先判斷對錯的狀態，都會先判斷這話應該怎麼說。

　　有人提問：「老師，我如果不判斷的話，我就隨心想做什麼就做什麼，那開會的時候，對老闆的不滿，或者有什麼意見，我直接就說出來了，那不得罪人嗎？」

　　在你所說的這種狀態下，你還是有對錯，你心中還是在做判斷，你這種狀態不是智慧流露的表現。智慧流露的表現必是極其圓融，必是做事圓滿，不會張口就任性妄為，什麼話都說，不會四處得罪人。這種狀態不是智慧，你還是有對有錯，張口即是對錯，只是為了讓自己痛快，知道別人聽了不高興，你也對人說，這就不是智慧流露。

　　大智慧流露的狀態，說出的每一句話都是整體性的。而無論傷人的話、讚美人的話，都是偏頗偏執，都不是整體性的，都是一個點，最多是一條線。但是，當你的任何一句話是帶著智慧說出來的時候，絕不可能把人傷了，智慧的語言是整體性的，話能表達出去，但絕不會傷人，也不會令人反感，也就不是所謂的阿諛奉承。

所以，要掌握真正的直心是道場。直心是道場可不是任性妄為，不是宣洩情緒、想罵誰就罵誰，不是所謂的放下對錯就無所謂對錯。以前總覺得不應該罵人，現在想罵就罵了，如此其實是從一個極端走向了另一個極端，沒有任何一點昇華。這種狀態下張嘴說出來的話，不是智慧的流露，不是清淨心的表現，那顆心還帶著偏頗，只是從以前的顧慮變成了現在的任性。修行不是這樣修的。

那到底應該怎麼修？如人飲水，冷暖自知。我們在此只是在語言上能夠簡單框架性的描述，理上解、語言上去解永遠都解不明白。話一說出來，即是著兩邊。著兩邊就是指要嘛執著於這邊，要嘛執著於那邊，這就是語言。

必須既在理上解，然後在悟上解，必須得有悟。悟，即是我心一動。心是怎麼動的呢？首先心要安在這裡，安在經典上，安在師父的講經說法上。看似現在你正在讀經、正在聽法，那是你的人在聽、人在讀，你的心安在這裡了嗎？我們都是人在這兒，身在這裏，但是心早已不知跑到哪兒去了，十萬八千里以外都有可能，即所謂心猿意馬。要嘛你就在內境中，突然之間想起以前的事，一下就沉迷進去了；要嘛你就被外境的聲音、色彩等等所牽引。我們的心基本上不是迷內境追憶過去，就是被外境所牽引，很

難能做到哪怕一瞬間的安在當下。

　　所以，我們就是要練悟。怎麼悟？如何從理解達到悟解的狀態？首先，要把我們的心安下來，安在這個理上，那就能啟悟；安在這個理上，心和理才會相應，不斷的相應到某一個點的時候心就會動，心一動即是悟。悟了，悟什麼了卻說不清楚，但是我們的人已經變了，這就是悟解。這其實也是一個離境的過程。

　　至此，我們瞭解了智慧如何起修，修行如何啟悟。下一冊我們繼續講授「摩訶般若波羅蜜」如何具體修行，講解修行正法六度、六波羅蜜，如何將我們帶向最圓滿的智慧、帶向彼岸。

解密禪宗心法──《六祖壇經》般若品之二

作　　　者／范明公

出 版 贊 助／任春

主　　　編／張閔

美 術 編 輯／申朗創意

責 任 編 輯／林孝蓁

企畫選書人／賈俊國

總 編 輯／賈俊國

副 總 編 輯／蘇士尹

編　　　輯／高懿萩

行 銷 企 畫／張莉榮‧蕭羽猜‧黃欣

發 行 人／何飛鵬

法 律 顧 問／元禾法律事務所王子文律師

出　　　版／布克文化出版事業部

　　　　　　台北市中山區民生東路二段 141 號 8 樓

　　　　　　電話：(02)2500-7008 傳真：(02)2502-7676

　　　　　　Email：sbooker.service@cite.com.tw

發　　　行／英屬蓋曼群島商家庭傳媒股份有限公司城邦分公司

　　　　　　台北市中山區民生東路二段 141 號 2 樓

　　　　　　書蟲客服服務專線：(02)2500-7718；2500-7719

　　　　　　24 小時傳真專線：(02)2500-1990；2500-1991

　　　　　　劃撥帳號：19863813；戶名：書蟲股份有限公司

　　　　　　讀者服務信箱：service@readingclub.com.tw

香港發行所／城邦（香港）出版集團有限公司

　　　　　　香港灣仔駱克道 193 號東超商業中心 1 樓

　　　　　　電話：+852-2508-6231　　傳真：+852-2578-9337

　　　　　　Email：hkcite@biznetvigator.com

馬新發行所／城邦（馬新）出版集團 Cité (M) Sdn. Bhd.

　　　　　　41, Jalan Radin Anum, Bandar Baru Sri Petaling,

　　　　　　57000 Kuala Lumpur, Malaysia

　　　　　　電話：+603- 9057-8822　　傳真：+603- 9057-6622

　　　　　　Email：cite@cite.com.my

印　　　刷／韋懋實業有限公司

初　　　版／2021 年 3 月

定　　　價／300 元

I S B N／978-986-5568-46-7

城邦讀書花園　布克文化
www.cite.com.tw　www.sbooker.com.tw